# 高中语文个性化阅读
# 教学实践研究

马一鸣 著

中国广播影视出版社

**图书在版编目（CIP）数据**

高中语文个性化阅读教学实践研究 / 马一鸣著. —
北京：中国广播影视出版社，2023.2

ISBN 978-7-5043-8965-7

Ⅰ.①高… Ⅱ.①马… Ⅲ.①阅读课—教学研究—高
中 Ⅳ.①G633.332

中国国家版本馆CIP数据核字(2023)第014352号

高中语文个性化阅读教学实践研究

马一鸣　著

**责任编辑**　　王　波
**责任校对**　　张　哲

**出版发行**　　中国广播影视出版社
**电　　话**　　010-86093580　　010-86093583
**社　　址**　　北京市西城区真武庙二条9号
**邮　　编**　　100045
**网　　址**　　www.crtp.com.cn
**电子信箱**　　crtp8@sina.com

**经　　销**　　全国各地新华书店
**印　　刷**　　天津格美印务有限公司

**开　　本**　　710毫米×1000毫米　　1/16
**字　　数**　　236（千）字
**印　　张**　　14.75
**版　　次**　　2023年2月第1版　　2023年2月第1次印刷

**书　　号**　　ISBN 978-7-5043-8965-7
**定　　价**　　68.00元

# 目录

# 第一章 个性教育

人的个性问题是教育理论和实践无法回避的一个现实问题，它的本质在于人的个性教育，而人对个性的认识又决定了个性教育的内涵和外延，从而决定了个性教育的实施。作者认为，我国现行个性教育的理论与实践中出现的问题，主要是对个性的混乱、模糊和片面的理解。因此，这本书的逻辑出发点是要得到正确、全面、深刻的人的个性的理解。

正确、全面、深刻地理解人的个性，绝非单纯的概念界定。本章首先对人类个性的各种认识进行了总结和剖析，进而对于人类个性有关的若干概念进行了辨析，并从个性的特征、本质、结构、价值判断等角度揭示了个性的内涵和外延，并试图对人的个性做出一个全面、完整的界定。这是建构全面个性教育理论的一个重要理论基础。（后面用"个性"代替"人的个性"）

## 第一节　对个性含义的已有理解

### 一、社会生活中对个性的理解

"个性"这个词语在社会生活、政治生活中被广泛地应用，但是它的使用往往不是以一种清晰、一致的意义为依据。归纳起来，有四种不同的用法：一是将"个性"与"性格"相联系，例如：一个人顽固倔强，就说他个性顽固。同样的认知也存在于心理上。在西方，直到 1930 年左右，随着临床心理学和变态心理学的兴起，个性被心理学家们所关注，"个性"被用于区分"性格"。但是，现代心理学家们普遍相信，性格是个性的一个重要部分，它是一个个体在对待真实世界的态度和行为时所具有的一种稳定的心态。第二，把个性看作是独特的，也就是个体的特点，比如描述一个人做事很特别，不会随大流，就说他有自己的性格。第三，将个人与自由化、个人主义、无政府主义相比较，具有强烈的政治色彩。所以，不要避忌个人的性格，压制自己的性格。第四，把个性看成是一种很好的品质，就像康德说的："他有个性，在大多数情况下，这不仅是说到他，更是一种称赞，因为这是一种值得尊敬和钦佩的品质。"诚然，"尊重个性""发展个性"，是对个性的全面肯定与褒奖。

### 二、不同学科对个性的理解

正如人类是多学科的研究对象，人类的个性也涉及心理学、哲学、社会学、教育学、伦理学、文学、生理学、历史学、美学、法学、医学等领域，在心理学、社会学、教育学、哲学等领域，都有关于人的个性特征的论述。

心理学是对人的心理现象和法则进行研究的一门学科，而在心理学的视角下，个性是人类的心理个性，把"个性视为一种心理现象"，主要研究人的心理个性的实质、结构、形成和发展。心理现象，特别是个性的心理现象，虽然是人的内在的，却可以在人的行为和行为中得到体现。心理学从心理和行为角度对个性进行了界定。其中一种具有影响力的观点认为，个性是一种"个体的精神状态"，也就是"某种个体的意识倾向与多种不同的、稳定的、独一无二的心理特征的结合。"另一种具有代表性的观点认为，个性是"个人独特的性格特征和行为取向的统一"。

社会学的研究对象是社会，但是由于人类是社会的主体，人类的社会行为和社会关系导致了各种社会现象的产生，人类的社会关系主要是人与社会的关系，而人的个性化与人的社会化是这一关系的矛盾体现之一。所以，个性的形成，就自然而然地被社会学所重视。在社会学的视角下，个性究竟意味着什么？"在社会学中，个性的定义都具有否定自我确定的性格特征。性格总是被认为是社会环境的一种反映，或者取决于社会环境。"如伯吉斯相信，"个性是一个人在社会中所扮演的角色和地位的所有特征的集合。"苏联社会学家把个性看作是一个社会的个体，它在社会的各个领域中扮演着一个独立的角色。

教育的对象是拥有个性的人。然而，教育学在个性方面的研究却很少，它的定义没有自己的学科特点，基本上是以心理学为基础来界定的。然而，近几年来，不少学者试图从教育学的视角对个性进行界定，有些学者把个性界定为"个体在特定的生理、心理状态下，在特定的历史条件下，由受教育者自己的认知和实践而形成并发展出来的一种特殊的身心结构和表现"。有的学者认为，"个性"是指个人在特定的社会历史条件下，在一定的生理、心理状态下，经过社会实践而产生并发展出来的，它体现了个人在社会实践中的各种态度和行为。

哲学是一种高度抽象、具有普遍性的世界观和方法论。哲学在一定程度上也是一门人文学科。哲学上的一些学者把人类的个性看作是"社会的法则关系和实践活动的一部分，是社会体系中的个体和他们的行为的某种稳定的、重复的、具有基本倾向的性质，这一特点也被历史唯物主义所关注。"近几年，国内不少研究者试图从哲学的视角对个性进行界定，其中最具哲理意味的是：一是"特殊性"。"哲学上的个性，是个人与其他个人不同的基本特质的集合。"第二，主体说。"哲学认为人的个性是个人的主观表达。"第三，"人的性格特点首先是社会特性，它反映了他在社会关系中所处的特殊环境。"

### 三、对上述多种理解的简要分析

如果我们从一分为二的角度来客观地分析人们对人的个性的认识，就会发现，以上这些认识都有其合理的一面，也有不适用的一面。

首先，在理性层面，以上各类型的认识在不同程度上反映了个体的某些性质。文艺复兴的认识告诉我们："个性"和"人性"有着极其紧密的联系，"个性"不排斥"共同"，而是去"包容"。从谈论"人性"到谈论"个性"，是人类认识由一般走向特定的过程。心理学、社会学、教育学、哲学等从不同的学科角度对个性进行了界定。心理学从心理和行为两方面对个性进行了研究，并取得了丰硕的成果，为我们更好地了解个性提供了很多参考材料；社会学告诉我们，个性应该包含个体在社会中所扮演的特殊角色和特殊的身份，也就是个体在社会中的独立角色；教育学强调个性的形成，认为个性是人的身体和心理的特殊结构和表现形式，在某种程度上丰富了个性的内涵；现代哲学尝试在哲学层面上揭示个性的真谛，启示我们要用马克思哲学中的个性与普遍的本性等理论来认识"个性"的真实内涵。我们也注意到，无论从什么角度来认识个性，都强调个人的独特和社会属性，只是在不同的学科中，个人的表达方式不尽相同。我们在深入、全面地探究"个性"含义时，应当吸取其中的理性成分。

其次，就它的片面性而言，尽管有些哲学的定义具有很高的普遍性，但却很难理解个性的丰富，以及个人与其他事物的独特之处。

我们都知道，教育是以人为本。个性教育并不是某一种个性的教育，它是以整个真实个性为出发点和基础，以理想个性为最终目的，全面地完成人的个性教育。我们要跳出现有的对个性的各种认识，寻找完整、客观、全面、辩证的个性。因此，有必要区分一些与个性紧密联系的概念。

# 第二节　对与个性相关的几个概念的辨析

现有的教育理论中，存在着将个体、人性、人格、个体差异等概念与个性概念混为一谈的现象。作者认为，其中虽有统一，却不完全相同。如果把这些概念混为一谈，就会在教学理论上产生一定错误，在教学实践中也会出现不适应的现象。

## 一、个性与个体

我国学者对这一问题也有不同的看法，但都是把个性作为一种心理现象来进行比较的。如果个性超越了心理学范畴，成为人类所有特征的整体，那么，个性和个人是否等同？作者认为，两者是不能相提并论的。

首先，个人并不仅是指人，还能是动物。具体的人就是个体，一个婴儿，一个成年人、科学家，一个受过良好教育的居民，每个人都可以被称为个体。

但个性只是一个正常的人所具有的性格特征，一个智力低下者、一个植物人，都不能算是一个有个性的人。

其次，个人既包括自然的个人，也包括社会的个人。前者是自然的，而后者则是具有自然的、社会的全部内在特征的特定的人。人最初是以个人的身份出生的，最初是一个自然的人，也就是马克思所说的"偶然个体"；人的个性是自然和社会的统一。

个人有充分的感知（也就是说，通过感官来感知）的特点，如身体、行为、语言和面部表情。而对个性的理解，仅仅依靠感官和感知是远远不够的。由于人类的个性有"超感觉"的体系特征，虽然这种体系特征的显现者是一个拥有多种与生俱来的特征和后天所获得的特征的身体的个体。但是，就像马克思所说的那样，剩余价值是一种"超感觉"，这种物质在生产出来的产品中是看不见的，但在这种物质中，资本主义并没有支付工人的报酬，而人类的个性就是一种基本的社会关系体系，这种制度包括在个人的生活环境中（内部是复杂的，但又是独立的），只有用科学的方法才能解释清楚，而仅靠感性的感知是无法改变的。

不管怎样，如果涉及特定的人，或者说他是个人，那么这个人的意义就很小了，其实就是说他是一个有潜力的人。但是，如果涉及特定人的性格，这不仅仅意味着他是一个有潜力的人，更重要的是，他是一个真实的人，比潜在的人更有内涵。事实上，拥有个性的人是一个潜在的人和一个真实的人的统一。

否认个体和个性是一体的，但不能否认两者的统一性。个体是个性的物质载体，每个人都有个性。

## 二、个性与人性

个性与人性之间有着紧密的关系。总体上讲，人类的思维中充满了个性的观念，比如柏拉图将人类分为三等，有些人被赋予了黄金，有些人被赋予了白银，还有一些人被赋予了铁。金人的本性特征是理智的发展，因此应该是上层的统治者。银色的人具有坚强的意志和好战的性格，他们是军队或中下层的统治阶级。铁人的特点是欲望，注定要成为工人、农民和商业工作者，他们应当习惯于控制自己的欲望，顺从于自己。这就是人与人的区别，本质上是人的差异，当然，这是狭隘的唯心论。中国古代思想家董仲舒、韩愈的性三品论也有相似之处。现代思想家梁启超则以人性为本，将人性与人格紧密地结合在一起。但是，人与人的本质不同，人的本质是人与动物的本质特征，也就是人作为人的基本特征，比如人是理性动物、政治动物、道德动物、文化动物等等。个性是一个人与别人不同的基本特征，是其性格特征，比如张某坦率、幽默、精力充沛，李某虚伪、古板等。从这一点可以看出，人性是人类的普遍特性，是人类的类型。孟子把人性看成善，认为每个人都有"羞恶之心""辞让之心""是非之心"，都具有"恻隐之心"；荀子把人性看成是邪恶，认为"人之性恶，其善者伪也"，这些都是人类本质的认识。因此，人性是人类的共同性、现实性和群体性的统一。个性是个体的特征，是个体自身的特征，是个体的真实自我。"真实自我"包含了个体身体和精神层面；个体与现实和过去的联系，价值、情感、需求和信仰。教育的对象就是每个人的本身。个性既具有共同性、现实性、群体性等特征。人的个性是人性的一部分，是一种特别的体现。但是，个性是一种独特的、群体的、时代的、所有的个体的结合，是一种独特的体现。因此，对个性的研究和对人性的研究是紧密联系的。

### 三、个性和人格

现有的关于个性和人格的概念之间有不同的认识。我们的教育心理学家潘菽先生曾提出，"人格"这个词在我国的社会生活中具有浓厚的道德含义，很难把它的全部内容都囊括进去，所以主张使用"个性"而不主张使用"人格"。

作者认为，个性与人格并不完全相同。第一，从现有的理论来看，"个性是人格"只存在于心理学范畴之内，而从更广泛的角度去认识它，一旦超越了心理学的范畴，个性就不能与人格相提并论：在日常生活中，人们利用"人格"来判断一个人的行为，比如，一个人的品格是崇高的，一个人的"人格"是一个人的品德和品格；法律上的人格是指权利和义务的主体。第二，通过对相关数据的研究，我们发现"人格"和"个性"在英文和日文中的意义是完全不同的：英文的人格是"Personality"，而个性是"individuality"，各种日文辞典、《近代历史语汇词源学》、新中国成立前的《教育词汇》等都强调了英文的"individuality"和"Personality"的不同；日文中的人格是指做人的素质和价值，而个性则写为"固性"，是指个人的个性。

根据上述的情况，我们把人格和个性区别开来：人格主要是指人的素质、价值和品格，它着重于人的道德品质，而个性则是人的特殊的社会性，强调人的整个性格。人格的外延比个性的扩展要小，人格只是人的素质、价值和品格的表现，而个性包含了人的生理、心理、道德、审美、思维和行为。由此，可以把个性看作是一个更高的人格，而人格是一个更低的个性。

个性和人格虽然不是一个整体，但也是一个方向。首先，两者都具有独特性、社会性、稳定性和完整性等特征，所以，有时很难区分（例如扩展人格或缩小个性）。其次，道德特征是人格的一种重要因素。从这个意义上讲，个性教育与人格教育是相容的。

## 四、个性与个体的区别

个体差别又被称为"个性差别"。广义的个人差别，是指个人的生理、心理、道德、审美、思想、行为、知识、技能水平、成长的社会条件等等，这些都是西方学者的看法，在不同的课堂上，不同的学生会有不同的表现，从而影响他们的学业。如学生的视觉、听觉、智力和思考方式、兴趣与志向、动机能量充沛度、感情稳定、家庭背景等等。现今教育界的一个共同愿望就是要弄清楚学习者的不同之处，以确保所采用的管理与教育手段，可以让所有有不同之处的学生都能获得满意的进步。狭义上的个人差异是指心理上的不同，也就是人们在性格、兴趣、能力等心理特点上的不同，这一点在中国学界得到了很好的诠释。

个体的宽泛或狭义的个人差异都不能与个性相统一，个性的存在不仅仅是人的心理上的不同，还有生理上的不同、道德上的不同、年龄上的不同、思想上的不同、行为上的不同。个性包含人与人的不同，但并不只是解释不同的人，更应该强调在个人和共同的基础上的不同；有些人是天生的，比如外貌、身体结构，有些是社会上的，比如态度和思想，而个性是一个整体的人，是自然性和社会性的结合；从局部与整体的关系看，个体的差异是个性的一个重要组成部分，也就是个人的个性特征的"组块"。所以，我们认为，教育中的"个人差异"和"因材施教"是"个性教育"的重要内容。

个性与个体、人性、人格差异等概念之间存在着一定的关联和差异。对个体来说，个人是个性的载体，个性是"真正人"的人格特质；就人性来说，人性是以普遍性为出发点，注重人的本质共性，而个性则侧重于特殊性，注重个体特征的特殊性；人格就个性来说，个性为一般而人格则为特殊。

# 第三节　个性的特点及其本质

从以上几种不同的观念中，我们已经对个性有了一些了解。为了更好地了解个性到底是什么，我们必须深刻地认识到个性的特征和本质。

## 一、个性是独特性和共性的结合

个性最显著的特征就是独一无二。所谓独特，就是把一个人与别人区分开来。这表明了一个人和另外一个人是不一样的，每个人都有自己的特征，可以把他们区分开来，就像一个人的诚实、正直、乐观、坚忍、关心别人一样，这是一种特殊的组合。性格内向、不愿表现，但勤奋、诚实等特征是其个性特征；同样，一个教师的独特之处在于：博学多才，有远大的教育理想，有特殊的教育方法，有创造性的工作。这世上没有两片叶子一模一样，也没有两个人的性格是一模一样的。

无论你愿不愿意接受，个性的独特性都是客观的，"在时空的纵横交错中，每个人都有自己的独立个性"，"我就是我，没有别人。"因此，独一无二是人的生活属性，没有独特，就没有"人"，也就没有个性。

但是，个体的独特并非孤立的客观存在，而是与特定社会、历史环境中人类在生理、心理和社会等诸多层面上的共性共存。共同性是指个体在生理、心理、社会等各方面的共性，如人性、阶级性、民族性等。共性是人们沟通、理解、交流、协调、共生的先决条件，是"人"这个字的一个重要特征。没有共同点，就没有个性，也就没有了人类的社会。

个性的共性也具有客观性：凡是正常的人都具有理性、情感；在心理和生活习惯上，中国人普遍比较内向，比较内向，性格比较内向，比较容易思考，容易控制自己等；很多个性特质，如热情、诚实、爱国等等，在很多国家和大部分人身上都具有。正是因为个人的共性，所以有集体，有民族，有国家，有社会。

个性是一种独特和共性的结合。就像马克思说的，"人是一个特别的人，而且他的特殊性使得他成了一个人，一个真实的、独立的社会存在。同时，他也是一个整体，作为一个自我的个体，被思考和认知。就像他在真实世界里，既是一种直观的、真实的享受，也是一种生活的整体。"两者的关系主要表现在以下几个方面：一是相互依存，不具有唯一性，不存在共通性，不存在唯一性，即无唯一性；其次，二者具有相对性，并在特定的情况下能够互相转换，例如，民族性对于整个世界的文化来说是独一无二的，但是对于特定民族的每一种性格来说，都是相同的。当个体的特定特征被大部分人所模仿、接受、同化时，个体特征就会转变为共同特征。

由此我们可以得出这样一个结论："个性"其实是一种特殊的个人特质，一种民族性，一种阶级性，一种区域和社区的特征，一种教育特征，一种时代特征。这种看法排斥了对个性的两种认识：一是将个性和社会分开，将个性视为极度个人主义；第二类是不能正面肯定个性存在，不尊重个性的片面集体主义。

## 二、个性是社会和自然的结合

人是社会的一部分，同时也是一种自然的东西。因此，人们普遍把人类视为"天生的社交动物"。人类的动物本性是在人类社会中得以人性化的，而人类的社会性则是建立在人类自身的自然属性之上。这一内在的、有机性的结合，显示了人的自然与社会的关系。人性也是如此，是社会与自然的结合。

马克思在对黑格尔《法哲学》进行批评时，清楚地表明："个性的本质不在于胡子、血液、身体的抽象，而在于人的社会性。"社会性是人的基本特性，是人在社会生活中的地位和与周遭的关系的体现，是人的社会特性。这也可以说是一个人的社会历史。正如苏联心理学家哈尔拉莫夫所言："个性的本质在于其本质和特性所反映的社会关系。因此，每一个时代都有自己的性格。它反映了一个时期的总体特征，也反映了一个特定的社会阶层或一个国家的特点。"

个性的自然属性是指基因和生理特性，它们构成了个性的物质基础。自然是个性的物质载体，是个性的形成的物质条件。我们不能否认个体的本质特征，每个人都或多或少地带着自己的生理特征。人的本性并非纯粹的"自然"，与动物的本性是不同的，它实际上是人的某种社会特性。

个性的社会属性和自然属性具有客观性。没有人可以选择自己的天生属性，那就是"天赋"。个性的自然属性并不能决定一个人的性格特征，也不能确定他的发展方向，但他的性格特征是塑造个性的基础，也是个性形成的重要因素。人，也是一种社会的力量。人是自然存在的，它与动物的生活环境是截然不同的，人类从一开始就生活在某种社会关系中，它既无法选择，也无法逃避，它只能通过现实的社会关系来发展。

然而，个性的自然性和社会性并非是孤立的、可以完全分离的，而是相互渗透、紧密联系的整体。个性，无论是生理、心理、行为，都有其自然的一面和社会一面。我们把自然的性质放在一边，或者把社会的性质放在一边，都是片面的。要想对人的科学阐释，必须坚持自然和社会的统一。

"个性"并非纯粹的自然属性，也非纯粹的社会属性，而是由人的自然性和社会性的有机结合所产生的独特属性。这进一步否认了将个性与社会相隔离，视个体为极端的个人主义的片面看法，认为个性是天生的、不可改变的基因决定论，以及认为个性是完全取决于社会的。

### 三、个性是稳定和变化的统一体

个人生命中的暂时的、偶然的一些特性，并不是个人的性格，个人的性格通常表现为一种固定的、持久的性格，例如，一个人在出生后，随着社会的实践，他的动机、理想、信念、世界观逐渐形成，因而他的行为总是带有一定的倾向，在各种环境中都能表现出同样的特质，这就是个性的稳定性。个性的稳定表现了"不变的自我""统一的自我"和"永恒的自我"。从这一点上，我们可以了解性格，预测一个人在特定的环境中会做出什么样的事情。

个性的稳定不能掩盖它的变化。人类是一个不断发展和改变的生命体，而个性又是其发展和改变的一个主要组成部分：一方面，个性在各种因素的作用下发展和形成，从幼稚走向成熟，从缺乏到充实；而个性又在复杂多变的社会环境和各种社会关系中发生着变化，或者朝着积极的个性发展，或者朝着负面的个性发展。没有不变的性格和不发展的性格。个性的多样性与发展性是个性教育的客观基础：个性的可变性决定了个性教育的可行性和必要性。

个性是一种稳定和变化相结合的。稳定是一种相对而言，而稳定则是一种数量梯度。个体的数量变化是缓慢的，不明显的，等量变的累积足够让一个人的原始个性特征发生变化，从而产生新的个性特征，从"旧我"到"新我"。人的演变和发展本质上是人的个性发生了改变和发展。教育推动人的发展，本质上是促进人的个性发展。

个性的稳定性与变异的统一性，说明了个性可以被认识、掌握，而人类的行动也可以被预见，我们可以在科学的研究中得出一个人的性格特征，并以此来进行教育；个性可以被改变，这种向坏个性的投降，让负面个性毁灭生命的负面"宿命论"观念是不对的；个性的培养与教育是永无止境的，每个人都应该终身进行个性培养。

以上特征和性质揭示了个性的内涵，而独特性是个性的根本核心，赋予人独特的个性特质，让人与众不同；社会性是人的基本特点，它表明了人的独特性与其他东西的本质区别；共同性、自然性、稳定性、可变性是对个体的独特性与社会性的进一步界定，这三种特征共同组成了个体的规范。这种思想给我们的启示是："个性教育"的独特之处并非抽象的、超现实的，而是具体的、社会的；对于个体的独特性，我们不能从共同和社会之外去寻求，而应该在共同与社会之间做出抉择；所以，个性教育并不是以尊重受教育者的特殊性和培养受教育者的独特性为根本，而是要把受教育者的独特的社会性教育、个性化和社会化地结合起来。

## 四、个性教育的基本理念

把"一贯性"教育转化为"个性化"，关键在于转变教育理念。个性教育的本质是一种教育理念。个性教育是一种教育理念，它强调对人与人的尊重，促进人的潜能开发，促进人的个性发展，促进人的全面和谐发展，促进人的全面发展，促进教育的特色。

（一）对人性和个性的尊重

对人与人的尊重是个性教育的根本思想。这与人的价值、社会地位、教育本身的性质有关。

在人的价值与地位问题上，希腊罗马时代就提出了"人是目的""人是一切事物的尺度"这一观点。康德随后提出了"自在目的"，即"只有人类"。日本学者池田大作，相信"人的生活是有尊严的。"马克思主义进一步强调，人类是人类进步的基本动力，即生产力的持有者和实践者；以人为中心，以人为本。我们相信，社会的一切都是为人服务的，科技的发展是为人的，教育是为人的，生产是为人而消费，经济和政治归根结底，是为了提高人们的精神和物质生活水平，从根本上改善人的生活质量；无论是作为学说、作为运动、作为文化、作为制度，共产主义的目的都在于实现人类的解放，实现人的生命，实现人的全面和自由的发展。总而言之，"任何一种解放，都是将人类与人类的关系交还于人类自身。"

教育的本质在于培育人的社会性行为，它的起点与终点就是人。一些学者提出了"以人为起点"的基本涵义：首先，教育的目标是人，而教育是人的活动，因此，人的问题是教育的核心问题，而人是最根本的问题。第二，人类的生存与发展需求是教育的直接目标。第三，教育在本质上应该以人为主体，而非被动对象，这是现代教育观的核心内容。在法国巴黎工作会议的《学习：人类的内在宝库》中，联合国教科文组织21世纪国际教育理事会强调："要以人为核心，从全面的人发展视角看待21世纪的问题和教育的角色。"可以说，以人为中心，以人为本，甚至是教育的出发点与归宿。

个性教育提倡把人当作教育的起点与终点，而不忽视教育的满足与适应。因为，"人"作为起点和终点，并非抽象的、一般的人，而是具体的、现实的人；而凡是具体的、现实的人，都是个人和社会的整体。马克思对这一点曾发出警告："第一，不要将社会作为一个抽象的事物与个体相对立。个体就是一个集体。""社会，是一个团结在一起的个体"，"社会自身，也就是在这个社会中的个体。"可见，人和社会是一体的，人不可能，也不会与社会分离。

教育以人为起点，以人为最终目的，必然会有这样的逻辑结论："教育要以人为本，也就是对学生的尊重。""在时间和空间这一广袤的空间中，每个人都有自己的特点。"因此，人的尊重最终是对人的个性的尊重，是个性教育的根本思想。

尊重个人的个性，不是迁就、怂恿他人的负面性格，而是以平等、博爱为基础，对每个学生的个性进行尊重。所以，对学生个性的尊重，就是要认识到每个人的不同，并以之为基础。以往的研究结果表明：个体差异是一种客观的现象。人与人的社会特性，如生理、心理特征、道德、审美、知识技能、职业等，都不会完全一样。教育是面向那些生活在各个领域中的具有自身特点的人：身体健康或虚弱、认真或粗心大意、音乐天赋或绘画天赋、热情或冷漠、利他或利己的人，这些个人的独特的结合，构成了每一个学生的性格。认识到学生个体的差异，即认识到学生在生理、心理、道德、行为、审美、知识技能、思维等各方面的差异。当然，要认识到个体的不同并不会对特定的个性产生歧视，但对每个学生都有更好的教育。

对学生个性的尊重也就是对学生的需求、兴趣和自由的尊重。需要，是人类对自身生存、享受、发展的客观条件的依附与需求，是人对现实的一种具体反映，是人的主动行为和个性形成的内在动因。所以，正确的教育就是要尊重学生的需求。但在此所说的需求，并非意味着人们感到自己所需，因为甚至最令人厌恶的目标也会被主观地视为最迫切的需求；这里的意思是"人的客观需求"是积极的，向上的，利他的。个性教育不仅要满足受教育者的需求，而且要把受教育者的需求导向对个体的身心健康、对社会的发展起到积极作用。兴趣是一个人在某一领域取得成功的"先兆"，反映了他的某些心理需求，虽然这种需求是低级的，但是他可以把更多的精力投入到自己感兴趣的事情上，成为个性发展的导火索。特别是当一个人的爱好上升到了志趣的时候，他所要达到的理想和目标，就会比兴趣更多，比如有些人，为了一项事业，可以坚持几年，甚至一辈子都在努力。所以，要尊重、引导和培养学生的个性教育。人的天性也是自由的，就像动物的天性是自由的，无拘无束的。但我们倡导的自由与放纵、不负责任、无纪律、无秩序完全不同。自由与自我意识的重任同时存在；在一个自由选择越来越多的社会中，我们既要享受自由，也要履行自己的责任。所以，对受教育者自由的尊重和对自我约束和尽职尽责是密不可分的，自由和对他人的尊重是统一的；自由是一种责任，而真正的自由则是一种自律。

尊重个性包含对自身个性的尊重与对别人个性的尊重，两者是相互影响的：只有对自身个性的正确认识，并发展其正面的一面，才能充分尊重别人的个性，充分发挥别人的个性；只有了解别人和别人的性格，我们才能更好地理解自己，更好地发挥自己的个性。这是一个整体中互相依存的两个层面，它贯穿于个人、社会、国家的各个层面。个性教育应该是有目的、有计划地、自觉地执行这种哲学思想的活动。

从这一点可以看出，个性教育是一种真正意义上的社会主义人文教育，是一种以所有学生为对象的真正平等、民主的教育。

### （二）挖掘个人潜力的优势

人类是一种有个性潜力的生物。黑格尔相信："事物是人的客体，也就是人的本质。""在这些真实的雕塑作品中，我们可以看出它是一种庄严和深邃的东西，它具有激发一切力量的潜力。"法兰克福学派的主要代表弗洛姆说："人类的本性是某种特殊的潜力。"马克思还指出，人类在自然的历史过程中所获得的潜力品质，只不过是人类本身"沉睡着"的一种能力。

挖掘学生的个人潜力，并非每个人的平均发展。个性教育注重培养学生的个性潜力，也就是发掘每个学生的优点和优点，帮助他们在人生的无数条人生之路中，找到一条最好的途径，让每个学生都能在人生的道路上，发现自己隐藏的"黄金矿脉"。换句话说，个性教育不能把任何一个学生变成毫无个性、没有兴趣的人。每个学生都应该做自己喜欢的事情，每个人都应该有自己喜欢的工作，每个人都应该有一种特殊的爱好，每个人都应该有自己喜欢的书。总之，要使每个学生在个人的发展中都能发现自己的特殊的区域和成长点。苏霍姆林斯基说："最重要的是，要找到每一个孩子的最好的一面，找到他作为一个人发展的源泉的聪明，让他的才能得到最好的发挥和发展，从而达到他这个年纪所能取得的最好的成就。"

对受教育者个人潜力的开发，不能否认人的全面发展。全面发展是指德、智、体、美、劳的全面协调发展，是社会、学校对人的全面发展的总需求，是一个全面的发展状况。但综合发展并非等同于平均发展，而是要与发掘个人的潜力相结合，因为平均发展只会扼杀人的个性，而抑制人的发展则会使人的全面发展受到阻碍。个性潜能的发展是个体优势的发展，其终极目标是全面、协调地发展个性。总之，个人潜力的发展和全面发展是辩证的：

人的全面发展没有个人的潜能优势，不可能得到全面的发展；个人潜能的发展是人的全面发展所必需的，也是人的核心内容。

（三）教育的特殊性

教育具有其特殊性，也就是特定的教育体系与教学程序的特殊性。它是教育的生命力和活力之源，是个性发展和形成的保障。其内容主要包括：（1）不同层次、不同类型、不同地区的学校，在培养目标、办学形式、教育内容上要有符合自身特点的特征；读写算不应该是学前的重点，不应该把美术教育作为每一个学前学生追求的教育，也不应该把它作为幼儿园的主体。然而，当前学前教育已近乎异化为"不分高下"的"升学"，将小学教育的内容"移入幼教"，导致了学前教育与小学教育的衔接出现了矛盾，幼儿的天性受到了压制，幼儿的好奇心、对学习的兴趣也随之消失。另外，乡村中学的教学内容也不能与城镇中学的教学内容相一致。但是，由于盲目追求升学率，实行划一化的教学模式，使得乡村中学丧失了其自身的特点，导致大部分学生没有升学希望，农民也没有专业技能。（2）同层次、同类型、同地区的不同学校，亦有其自身的特点，如同为基础教育，有些以快乐教育为特色，有些以创新教育为特色。例如，美国威斯康星大学，由于坚持以实践为导向、以实践为导向的特色，使得它从一个在美国默默无闻的小学院，一跃成为美国甚至是全球知名的名校。其特色发展的做法被称为"威斯康星精神"。（3）在课程、教学形式、教学方式上要有特色。一方面，随着科学技术的飞速发展，新兴学科、边缘学科和交叉学科的出现，知识老化的现象越来越严重，知识的总量也在迅速增长；另一方面，课程和教材体系却没有太大的变化，形成了鲜明的对比。因为很多学校都没有开设选修课，这就导致了部分学生的创新能力和其他天赋被扼杀或者被埋葬。（4）教师个性特征。真正的教师总是有自己的性格，学生的个性在一定程度上具有其教师的个性特征，特别是其道德个性和审美个性，从而在平时的教学和交流中，对其道德个性、审美个性和思想行为个性产生了潜移默化的影响。乌申斯基在这一点上特别强调过："在教育中，一切都要建立在教育者的个性之上，因为教育的力量，只有从人的个性——生命的源头，才能显露出来。"苏霍姆林斯基说："能力、去向、才干的问题，如果没有教师的性格直接地影响到学生的性格，就无法在实践中得到解决。"作者相信，教师的个性就是一把可以打开或关闭学生个性发展的大门的钥匙；教师的个性所产生的影响，形成了一种特殊的教育氛围，它贯穿着整个教学过程，对教育的成效起着决定性的作用；如果没有优秀的个性特质，教师的"源泉"就会干涸，教育工作也就会走向失败。因此，要不断地自我修养，才能使自己的个性更好的影响到学生，这是个性教育的一个重要内容。

# 第四节　个性的结构

个性并非单一要素的单纯存在，而是由体力、精力、认知、情感、意志、兴趣、性情、性格、能力、知识技能、经验、思想品德、信念、世界观等诸多要素通过相互联系、渗透、相互作用、制约而构成的体系。本文从个性各因素的特征及其在个性总体中的影响出发，将其分为三大亚体系，即个性生理因素、个性心理因素、个性社会因素。

### 一、个性生理要素的亚系统

个性生理亚系统是指个体先天的解剖生理特征、神经系统活动类型、体质和精力、年龄、性别、种族等多种后天因素的作用。这些都是个性的形成与发展的物质载体和先决条件，例如，虽然个性的不同具有社会影响、社会规范和环境需求的印记，但"基于其神经系统特点的性格类型却非常稳定。"巴甫洛夫认为，神经过程强度、平衡性和柔韧性的这一或那一种在人类高级神经活动中的相互联系是人类性格差异的生理学基础。神经活性强而均衡的快性者与多血质性格相应，缓慢而有力的平衡性者对应于黏液质的性情，强烈而不均衡的性态对应于胆汁质，而弱性者对应于忧郁质。因此，性格被认为是"一个人特有的、由生来约束的心理动力的综合。"根据以往的研究结果，如年龄、性别、种族生理特征、生理缺陷、病理异常现象、暂时性生理和精神异常等，都会对受教育者的个性发展产生一定的影响。事实上，个性往往与生理特性、年龄、性别、神经系统类型、精力、体力等有着密切的联系，这些都是人的性格得以形成和发展的基础。教育不能忽视这一客观条件，而教育工作者必须充分认识其生理特点，才能对其进行有效的教育。

### 二、个性心理要素的亚系统

个性亚系统是个性的一个重要组成部分，由三个子系统组成：意识、倾向性、个性心理特征。

意识是人类特殊心理发展的一个较高的阶段，是"通过语言来反映现实事物的一种更高的形态。"在人的意识中，自我意识更为重要，它是由"我"认识"我"，"我"控制"我"的过程，是一个由认识、概念、评价、教育和超越构成的多层次体系。自我知觉是人类最高级的意识形态，也是其基本特点。个人的认识和行为特点，特别是自我觉察，是个性结构中最主要的构成要素，它在个性的发展和形成中扮演着主导角色，是接受教育的主体，并最终形成了主体性。

个性取向是一种具有主观能动性、选择性的动态机制，是个性结构中最具活力的因子。这既是人们对待现实的态度，也是人们如何进行行为的抉择。它很少受到生理因素的影响，主要是在社交活动中形成的。

个性倾向包括需要、动机、兴趣、理想、信念以及世界观。需求是个性的倾向性，甚至是全部个性的动力来源，而个性的发展与生成，也是在需求的推动下。动机、兴趣、信仰，这些都是需求的一种表现。世界观是个性倾向性的最高层面，它决定着个人的思维取向和整体的精神状态，是人们言语、行动的主要推动力。

个性心理特征子系统是一个人的长期、相对稳定的心理活动的一个特殊的集合，是一个人的各种不同的心理特征的综合体现。这个子系统主要由三个方面组成：气质、性格、能力。在个人发展的进程中，这些心理特点形成得较早，并且在不同程度上受到了生理学的直接影响，是个性心理结构中较为稳定的组成部分。

意识、个性倾向性、个性心理特征相互渗透、相互影响，并以某种形式相互融合，体现了人类整体的心理状态。

### 三、社会个性要素的亚系统

它是个性结构的最高层面，也是最能体现个性本质的一部分。社会角色是指个人在社会关系中所扮演的角色。就教育来说，它更多的是以个性教育为目标，而非以个性为基础。由于个性是指在社会上从事某种特定的工作，即在某种社会中扮演某种角色，担负着某种社会权利和义务，起着独特的社会作用。社会角色和职业的不同，对个性的需求也不同，例如，在知识结构方面，教师的职业应该是博学的，而高技术的，则需要在博学的基础上更深入；在人际交流方面，一个科学家可能是一个沉默、不善交际、性格内向的人，但是一个教育家必须是一个能表达和说服并能很好地处理人际关系的人。他的社会角色特征和职业特征在个性特别是成熟个性中得到了明显的反映，社会角色和职业的不同也导致了不同的个性特征。个性教育并非平均教育，它是按照个体的实际特征，将其作为社会所需，即在特定行业中发挥特殊的社会角色，例如技术、管理、实践、理论、政治、经济等。

道德水平、知识结构、人际交往能力是确保个人在社会中的地位和角色不可或缺的重要因素。道德本质上是个性特质，是社会个性的一个重要组成部分。知识结构是教育与学习的产物，包含一定的社会科学知识、自然科学知识体系以及人类的文化传统。人与人之间的互动，使得个体在态度、观点、社会目标等方面都与某一团体有相同之处。

个性是由以上诸要素相互作用、相互影响、相互制约、相互渗透而形成的一个有机体系。其中，身体特性是个性形成的物质基础；"在个性的心理结构中，意识是基础的产生线，也是个性的中心和中心，它把个性的所有的表现和所有的心理过程结合在一起，形成了一个完整的个性发展的历史，它确保了个性的完整性，个性的各个部分的相互制约性"；社会特性是人的社会化和更高层次的表现形式，是人的社会价值的具体反映，是人的社会意义的终极实现。这是一个人的外部特征。它否认了把个性与精神特性、行为特性、社会特性等同起来的狭隘看法，也否认了忽视个性的生理学依据的唯心论。它给我们的启示是：个性教育并非片面的教育，而应把个性看作一个整体，使个性得到全面、协调地发展。当然，也应该明确个人的全面、协调发展。这是一个关于个性价值判断的问题。

## 第五节 对个性的价值评判

个性是一种社会的存在。因而，不同社会政治背景和社会文化背景下，个体的价值判断也就不同。正确认识个性的价值判断，是实现个性教育的必要前提。

作者相信，个性不仅包含了人们所看重的美德，也包含了所谓的缺陷。具体而言，从价值判断的观点来看，可以把个性内容分为"中性""好"和"坏"三种类型。当然，这并不是一种绝对的区别，而是一种关于人的全部个性的普遍的价值划分。

很多性格特征，如种族、年龄、气质，没有什么区别，在本质上，他们是中立的。优秀个性是指对自己、对别人、对社会都有正面影响的个性特质，例如：活力、乐观、热情、诚实、言行一致、坚持真理。坏性格与好性格相反，坏性格是指对别人和社会都有负面影响的性格特征，例如颓废、懒惰、悲观、冷漠、虚伪、随波逐流。一般来说，正常人都有中性性格、好性格和坏性格。"无个性"是一种性格，有些人认为没有主见，随波逐流的人，就是没有性格的人，而"随大流"，则是他的性格特征。任何一个人都有自己的性格，每一个人都有自己的优点，但是也有自己的缺点。

好的个性素质和坏的个性素质是相互冲突的并统一的，他们在特定的个体中互相生长。在一个人的好的个性处于优势，不好的个性特质则是第二位的。反之，如果一个人的不好的个性质量处于优势，那么优秀的个性素质就会下降。从个人的社会性角度来说，"个人可以是反动的或者是保守的，或者是由于处于自己的时代而变得先进。"一个具有社会导向的人，在集体活动、劳动和社会政治活动中，都会表现出更大的热情。所以，他的社会性、集体主义、原则性、渴望共同的成就、政治觉悟，都将迅速地发展。自私自利的导向，则会在相同的情况下，加强个人主义，强化个人成就的欲望，诸如此类。

美国心理学家弗洛姆指出，好的个性素质和坏的个性素质都是由需求驱动的，区别在于，前者的需求更符合人的总体需求，更符合社会的需求，从而有利于发挥人的能力，促进人的幸福，促进社会的发展，促进人类的文明，比如爱情，这就是人与世界的融合。而后者的需求却恰恰相反，比如"自私，其实就是过分地关心自己，因为缺少对自己的真心热爱，所以才会有这样的缺憾。"

由此可以看出，个性与消极个性、个人主义、积极个性、集体主义是完全不同的。在上述关于个性的认识中，认为个性是负面的，是个人主义和自由主义的，这是一种片面的看法。其实，每个人的性格都有两种不同的特质，因此，每个人都需要进行个性教育，进行个性的培养。个性教育是从儿童到成年人、从普通人到伟大的人，贯穿于整个教育与生命的整个过程。个体的性格可以是集体主义的、利他的、个人主义的、自私的、中立的，我们不应该从主观的欲望的需求出发，而应该全面、客观地反映出人性的本质，然后把目光转向怎样才能培养出一个健康的、有利于社会发展的、健康的性格。因此，个性教育不仅要培养和强化受教育者的个性品质，而且要防止和改造受教育者的不良个性，培养全面、协调的个性。

本文认为，个性是一种客观存在，它与个体、人性、个体差异等有着统一而又不相同。客观存在是一种由许多质的规律和数量的规定组成的客观存在，从本质上说，是特殊的、普遍的、自然的、社会的、稳定的、变化的。从其构成上看，是一个由个体生理、心理、社会三方面相互联系、相互渗透、相互制约的有机体系；从价值判断的观点来看，它是一个中性的、好的和坏的个性的统一。一句话，"人的个性"是指个人在某种社会关系体系中的生理、心理、社会特征通过某种特殊的途径有机地结合在一起，从而产生的一种特殊的社会性。简单地说，个性是一种特殊的社会性。

本文认为，上述对人的个性的辨析、理解和界定，具有如下的教育哲学意义：首先，澄清了以往的理论和实践中对人的个性的模糊、片面的认识，并把人的个性看作是绝对负面的，或者是绝对正面的，因而盲目地"高扬个性"和"忌谈个性"。这为我们解决了学生对个性教育的疑虑，为建立科学的个性教育观打下了坚实的基础。第二部分是对个性教育进行客观化、必要性和可能性的分析。正如上文所述，人的个性是一种客观的存在，无论我们是否承认，个性总是在特定的时空中具有独特的性质，而我们的教育目标正是具体的、现实的、历史的、有个性的人；人的个性不但客观存在，还客观地发展、发展、形成、变化，或向正面发展，或向负面发展。因此，个性教育必须具有客观性、必要性和可能性。第三，体现了个性教育的内涵和广阔的外延。从而使我们的思想按照逻辑运动的规律，自然而然地进入正确、全面地把握个性教育的内涵，从而真正理解个性教育的真谛。

# 第二章 高中语文个性化阅读教学的概述

## 第一节 语文个性化阅读教学的意义

在高中开展个性化阅读教学，其目的在于培养学生的独立个性、健全个性，为其全面发展打下坚实的基础，同时也适应了新时期对创新人才的需求，适应了社会发展的需要。对中学语文个性化阅读教学进行深入的探讨，旨在提高中学语文教学的质量，为中学语文教师的阅读教学提供一些有益的建议，从而提高学生的阅读鉴赏水平，以适应新时期的社会发展需要。

### 一、社会发展需求

今天，我们的价值观具有多样性，而多元化的社会，也对教育提出了新的需求。在教育的时空扩展中，无论是学校还是学生，都不可避免地要面对"个性化"的问题。学生是学习的主体，学生的学习是一种积极的、富有个性的活动，它代表着自主、独立、创造。在学习过程中，要选择最适合自己、最能激发兴趣的学习方法，这样才能引领学生的积极性，事半功倍。个性化学习是培养学生创造性思维的关键。21 世纪，一个民族的综合国力和国际竞争力日益依赖于教育的发展、科学技术的进步和知识的创新，而当今的社会竞争中心已转变为人才的竞争，对人才的要求日益个性化、多元化、高层次化。教育质量能否为社会所认可，学校在知识经济时代是否有活力，关键在于其所培养的人才是否具备较强的创造性和创造性，以及是否具备优良的个性品质。没有创新意识、没有竞争力的"学霸"，在今天的社会中，无疑将被淘汰。

## 二、语文学科的基本条件

教育以人的发展为目标，也就是促进人的全面、协调发展。在培养和发展学生良好个性方面，语文教育具有先导性和基础性作用，是其他学科无法比拟的。这与语言专业的特殊性有关。语文教学是一门极富人文关怀的学科，它可以促进个人身心的协调发展，使个人在发展中得到精神价值与生命意义，即：个人在语言上的学习与训练、文学的熏陶与浸润中，不但要获取各类知识与技巧，更要感受到种种深邃的人性情愫，激发个人的主体性，进而探究生命的真谛，思考生命之路，并形成一种特殊的生命态度。一方面，语文教育是人类赖以生存和发展的基础，它让人能够熟练地使用语言作为自己的工作和生活的工具；另一方面，文学教育则是通过文学的教学来培养个人的审美、精神和个性，从而形成一种积极的人生观和价值观。这就是他的性格。所以，语言是人类个性的重要组成部分。语言学科是"一门内涵丰、形式多样、具有倾向性和激情的学感强其他学科相比具有自身科学逻辑和动人的艺术感染力，对并能有效学生的心理个性发展。"

语文教科书具有很强的个性，每一篇作品都凝聚了作者的感情与个性。无论哪一种文学，从选材、立意、定体裁，从对人生地感觉到情绪的表现，从美学趣味到言语特征，都显示出了作者的独特的创作性格，也就是这种性格使我们能够从敏锐的观察、锐利的言语、丰富的口才、隐晦的讽刺中体会到作者的独特性格。

语言课程的模糊，为张扬的个性提供了很大的空间，可以说："只能理解，无法表达。"这就是汉语中的模糊现象，从一个词到一句话，再到一本书，都可以从不同的认知结构、经历、情感体验中得到不同的理解。语文学科的综合为个性发展架起了一座桥梁，其内容涵盖天文地理，包罗万象，为学生的个性发展创造了条件。语言的时代特征，一方面给人以无限的发展空间，另一方面，它也能使人关心社会、关心生活，使人的个性发展与社会发展相协调。教师要面向的是人，而人的发展实际上就是人的个性发展，使每一个人都能充分地发展自己的个性，这对于他们的前途具有极其重要的意义。所以，在坚持科学的语文教学规律的前提下，注重个性化的教学，不仅可以改变目前的状况，还可以有效地促进学生的个性发展。

《普通高中语文课程标准〈实验〉》提出：中学语文要坚持"基本的基本原则""多元选择原则""为终身学习和个性发展打下坚实的基础""为每个学生提供更好的学习环境、更大的发展空间、更好地发挥他们的特长和个性。"

### 三、学生发展需求

在《学会生存：教育世界的今天和明天》一书中，联合国教科文组织称：每个学生都是真正的个体。他有自己的一段不能与其他任何人的历史相混淆的历史。他有自己的性格，而且随着年纪的增加，他的性格也会逐渐受到多种因素的影响。生物、生理、地理、社会、经济、文化和专业等多种因素构成了这种复杂的组合。我们在确定教育的终极目标和方式时，怎么可能不加以考虑？教育并不是要消除这些差别，而要把所有受教育的人都变成没有特点的人，而要根据他们的个人特点，把他们的特点发挥出来，让他们变得与众不同，各自找到自己的最佳发展道路。人的基本需要是：适应人的身心发展，适应人的个性，注重全面协调发展，培养人的和谐、全面的个性。

因为历史与社会的原因，我国传统的教育偏重于"一元化"。教师对每个学生都一视同仁；以同样的方法，学生学习同一科目，并在同一测试中得到统一的评估，以此来区分学生的优劣。这就导致了在教育体制上缺乏合理、完善的个性培养的运行模式，而对学生的个性发展也没有给予足够的关注。在中学时期，因为性成熟是这一时期的重要发展特征，所以也被称作青春期。这时，由于内在和外在的影响，个人的身体、精神和行为都会产生一系列重大的改变，表现出与以前截然不同的品质，逐渐形成个人独特的外貌、能力、性格以及其他重要的精神品质，这是一个人的个性形成的关键阶段，对于整个人生的发展都起着非常重要的作用。

总的来说，中学生正处在逐渐走向成熟的过程中。童年期的幼稚与成人的成熟共存，是高中学生的一大特征。这时，他们的认知和学习能力得到了很大的发展，但还没有完全成熟，情感丰富、热情，但往往不受控制，个人和自我意识发展得很快，但还不够稳定。教师、家长、社会需要给予他们更多的关注和引导，才能使他们的身体和心理得到健康的发展和转变，从而真正走向成熟。美国心理学家贺林渥斯将这种从精神上脱离父母而脱离童年的行为称为"精神上的断奶"。中学是人青春最旺盛、思想最活跃、学习最有成效的时期。在这个阶段，青少年的情感与个性特征主要有：

1. 情感：丰富、内隐。

2. 自我觉察：对自己的认识和对自己的认识；自我经验强，重视别人对自己的评估，有较强的独立性。

3. 价值观念：对"人生意义"的重视程度，不同个性的青年价值有个体差异；还不稳定，易于改变。

4. 社交：与成年人保持距离；渴望与伙伴们建立友好关系。

5. 行为意识和控制力：求新、求异、极端、冲动、易偏离、耐受性差、易受暗示。

青春期的孩子，不管是身体上还是精神上，都处在一个由孩子向成熟转变的阶段。在此期间，他们容易受到环境、教育等因素的影响，在心理、行为上存在较大的不稳定因素，但也具有很强的可塑性，这些都为个性化教学创造了有利的条件。

**四、丰富高中生的阅读体验**

阅读是一种以学生为主体的行为，学生在阅读、理解文章时，感受到作者的思想感情，并依据自身的生活经历、知识背景、个性品德等因素，形成自己的观点。这一过程是一个个体的自我表现，是独立的没有任何形式束缚的，没有人可以代替学生去感受和体验。通过多样化的个性化阅读教学，可以从多个方面调动学生的个性经历，从而激发他们的潜能。因此，个性化阅读可以使学生的思想得到解放，使其在个人阅读中得到丰富的阅读经验，并逐步形成他们的积极的生活态度。

**五、培养学生的批判思考能力**

在传统的阅读教学中，学生要接受教师的解释，或者接受教参及命题者的解释，而把学生当作一个"容器"，总是被不断地灌输，这对培养学生的创造力有很大的影响。批判和反思是任何学科、领域的动力，没有它们的激励，任何学科都不可能取得新的发展。在个性化阅读教学中，应着重培养学生独特的审美观点，并鼓励学生敢于质疑、敢于批判前人的观点，而不是随大流，从批判中发掘先辈的缺陷，不断提高自身的认识水平。

### 六、高中学生终身学习能力的培养

高中生即将步入大学或步入社会，在未来的深造过程中，他们需要有自己的观点，有自己的思想，有自己的理解。在个性化阅读教学中，无论是教师还是学生，都不再局限于对课文的理解，而是重视学生的创造性阅读，重视学生的创造性思维，培养学生的自主阅读能力。在当代社会中，创新意识的培养是区别于传统与现代的教育的重点。现代教育不能将学生局限于知识的条条框框，要使学生的创造力得到充分的释放。个性化阅读教学强调培养学生的个性素质，而个性化的阅读教学可以使他们的创造力得到充分发挥，在生活中更好地适应社会的发展，从而使他们成为社会所需的优秀人才。

### 七、促进教师职业个性发展

个性化阅读教学的重要性，不仅在于对学习者本身，而且对促进教师自身的培养，对教师进行个性化的教育也具有重要的指导作用。教师长期处于单一、固定的教学环境中，很容易产生个体的职业倦怠，忘记教学的本意，忽视了教学过程中的问题，忽视了学生的发展，造成了一种"死教、死书"的局面，严重影响了学生的个性发展，也影响了教师的专业发展。因此，个性化阅读教学能够激发教师的学习热情、坚定教师的职业理想、激发教师的职业精神、巩固教师的职业观念、积极探索教学的艺术，为教师的专业发展提供不竭的动力，有利于树立教师新风采，充分发挥教师的示范、引领作用。

### 八、新语文课程标准的规定

《基础教育课程改革纲要（试行）》中也明确指出：在教师的引导下，培养学生的主动和个性。在教学过程中，教师要尊重学生的个性，重视学生的个性，满足他们的需求，创造有利于学生的积极主动的学习氛围，激发他们的学习热情，培养他们对知识的掌握和应用的态度和能力，从而促进他们的全面发展。语文是我国基础教育的一项重要课程，其任务是培养学生健康、良好、和谐的个性。"语言能力是学习其他学科的根本，是一个人的全面发展和终生发展的根本。"因此，在基础教育阶段，个性教育必然会成为全面教育的基石，并且会对人的人生产生深刻的影响。

# 第二节 语文个性化教学的功能

在教学中，教师要根据学生的个人兴趣和需求，确立新的教学观念，调整教学内容、教学方法，以达到教学目的、教学效果、促进学生全面发展、实施素质教育的目的。

## 一、提高课堂教学的质量

过去，课堂上仅注重学生的考试成绩，而把试卷的分数当作衡量学生成绩的唯一依据，导致教学中仅注重课本知识的传授，采取"题海战术"，使学生丧失学习的兴趣，甚至产生厌学情绪。因材施教是以学生的兴趣和需求为基础，所教授的内容与学生的实际需求密切相关；教师采用的教学方式和组织方式，符合学生的身体、心理和年龄特征。所以，在课堂上，教师可以充分发挥学生的主动性，让他们全身心地投入到课堂中去，让他们主动地去学习，从而提高他们的学习效果，养成乐学、好学、勤学的好习惯。

## 二、促进学生的全面发展

个性化教学尊重学生的个性，重视学生的个体差异，从教学目标、教学内容、教学方式、学习环境等方面，都能充分体现学生的个性特征，从而实现因材施教，实现每位学生的全面发展。在个性化教学中，力求创造师生平等、和谐、个性自由发展的教育环境。使学生能够更好地了解课本的知识，让他们能够用不同的语言表达，解决问题的方法和答案。对有独到见解的人要给予赞扬，对不够完善的要予以补充，对于不合理的想法要给予保护。只有如此，才能充分发挥学生的个性，充分发挥他们的潜能，激发他们的创造力。

## 三、实行个性化教学有助于克服传统教学中的弊端

现代教育学理论认为，教育活动的本质特点是：在教师的组织引导下，对人的知识、文化的结果进行了特别的认知，同时也是学生的主体通过自我学习来改造、塑造、发展自己的个性。然而，我国传统教育在某种程度上忽略了教育的基本性质，表现出如下的弊端：（1）教学观念上，不重视人的个性差异和个体的独立价值，忽视学生的学习潜能，忽视学生主体作用的发挥。教师善以自己的理解及分析传授代替学生的主动探索；（2）教学目标上，唯知、唯书，着眼于传统的知识、技能、情感三大目标，追求整齐划一的教学效果，在注重学生基础性学力培养的同时，忽视了学生发展性学力的培养；（3）教学模式上，表现之一是模式的僵化和过于程式化，表现之二是真正让学生自主学习、自悟自得的不多，忽视了学生的主动发现和探索；（4）教学形式上，师生问答的简单化交流充斥课堂，忽视了学生个体独立的自主学习活动，小组合作学习也往往流于形式。课堂上学生独特的见解、奇妙的想象、大胆的质疑少之又少。针对上述弊端，我们提

出在要在课堂教学中实施个性化教学，使课堂教学真正具有发挥学生主体作用和培养创新精神的力量。

# 第三节　个性化阅读教学的理基础理论

## 一、内涵

（一）个性

"个性"一词源于古希腊罗马时期的拉丁语"persona"，最初是指演员在台上戴着的面具，后来扩展到能够独立思考、具有自身行动特点的人。个性是一个比较复杂的概念，不同的人、不同的学科对它的认识也不同。哲学中的个性是："与普遍性相反的范畴，是一种不同于其他事物的特别属性。"是一种独特的特性，一种不同于其他的特性。心理学家更是以"个性"为研究对象，在心理学上，人们往往将其与其他学科区分开来，将其称作"人格"。心理学者通常将个性定义为："个人的总体精神状态，是指在一定的社会环境中形成的具有一定倾向的、相对稳定的心理特点的综合。"主要包括个性倾向（需要、动机、兴趣、理想、信仰、世界观、自我意识等）和个性心理特征（能力、气质、性格）。教育学是以哲学、心理学为基础的一门独立的学科，它首先把人的个性分为价值上的优劣，然后把个性看作是一个综合的人。在教育学中，个性是指个人以其与生俱来的素质为基础，与后天的环境（尤其是教育）的交互作用（内化和外化），形成一个由多种素质（体能、智力、活动能力、道德素质、情感意志等）综合而成的独特的整体。

（二）个性化教学

《国际教育百科全书》将个性化教学定义为：一种基于个体的、而不是团体的教学，相对于像演说、团体教学这样的团体式的教学，在学习的步骤和时间上，几乎所有的个人化的教学都给予了学生更多的弹性，而且，根据不同的教学方法，不同的教学模式也会有所不同。

个性化教学认为，人的个性差异是教育的基础，它的基础是对人的发展基础、发展过程和结果的不同，它的合理性体现于：

个性化教学是一种以人为本的教育。要改变"一刀切"的传统教学理念，确立以学生的素质为核心、突出学生的创造性、智力等多种因素的和谐发展；要树立"以人为本"的教育理念；要树立"人为本""为人"的教育观，以确立"人为本"。

个性化教学强调学生的个性发展，这就意味着，在教学中要采取灵活、多样的方式、方法，使学生的个性得到充分的发展，从而使学生的身体素质、智力、活动能力、道德素质、情感意志等方面得到充分的发展，而不是用统一的标准、统一的要求、统一的进度、统一的内容来约束或阻碍学生的个性发展。

在此基础上，笔者认为，个性化教学是一种以课堂为基础，以学生的自主性、因材施教为基本原则，以探究教学的个性化特点和手段为中心，突出教学的人性化、个性化，张扬教学特点。个性化教学是教师在教学中不断调整教学方法、教学形式、创设个性化教学环境等，以促进个体的个性发展。

在我国，对"个性化"教学的研究越来越受到关注，但在教育界，却没有一个明确的定义。邓志伟指出，任何一种教学现象，只要具备下列含义，就能被称作"个性化"：(1)"教学"是指"教育"的目标，也就是"最大限度地发展"每一个人的个性和个性；(2)在实施个性化教学时，学生能充分地发挥自主学习的能力，并能充分地顾及学生的兴趣、意愿和需要；(3)如果培养目标相同，教学形式、方法等可以灵活运用，如个别、小组、集体等。邓志伟指出，"个性化"教学的本质在于让教师和学校的管理人员在实践中尝试运用与学生相适应的方法，从而在个性、社会性和学术上超越传统的"非个性"教育。

（三）语文个性化教学

根据以上对个性化教学的界定，语文个性化教学即指在充分尊重受教育者个性特点的基础上，在语文学习领域内通过创设一系列语文学习环境，促使个体充分而自由地发展，这是一般与特殊的关系。因此，语文个性化教学一方面具备个性化教学的以上诸特征；另一方面它还不可避免地被打上了本学科的烙印。按照"语文新课标"的精神，工具性与人文性的统一是语文课程的基本特征，既然具有工具性，语文教学则应坚持语言的运用（言语能力）这一基本特征。语文个性化教育也应以培养学生正确学习、理解、鉴赏、运用祖国语言文字的个性为己任，这是研究语文个性化教学的实施时必须把握的一个基点。

（四）个性化阅读

"个性"的定义在心理学上存在着不同的观点，但却没有一个公认的定义。其内容涉及的范围很广，也很复杂，需要考虑到人们的发展特征，如顺序性、阶段性、个体差异性、不均衡性。个性，是指人们在性格、气质、能力等方面与别人不同的性格特征，在每个人身上都有独特的表现，从而使自己的性格特点更为突出。

人们普遍相信："读书是一种通过印或书写的文字符号来获取含义的一种心理活动。"个性在阅读中起着举足轻重的作用，在阅读过程中，个体所获得的感受、体验和理解都会变得更加具有个性化。人们对"个人化阅读"的认识也各有不同。有些学者认为："阅读是指阅读时，让学生自己去阅读、理解、掌握、超越，从而实现阅读的个性化，是一种自主、体验、批判的阅读活动。"还有一些学者则认为，在进行个性化的阅读活动时，要调动他们的知识、态度、价值观来了解所传递的讯息，把自己的情绪和想法带进阅读的过程中，与作者进行心灵的沟通和思想的碰撞，从而形成自己的独特的感悟。

综合上述内容，作者认为，个性化阅读是以个体的性格特征、知识体验、生活体验、价值观为基础，通过对语言进行结构和整理，从而得到个体独特的感受、体验和理解。它是一种独立的个体活动，不掺杂作者、编者和教师的观点，学生的阅读不能被"标准"所束缚，而是具有批判性和超越性的个性化阅读行为。在此过程中，学生能够开阔眼界，不断超越自己，使自己的个性得到更好的发展。

## （五）个性化阅读教学

在实施个性化阅读教学时，应遵循个性化的教学原则和方法。在教师的眼里，每一个学生都应该是独一无二的，他们有自己的见解，能够打破固有观念，摆脱传统的阅读方式，从而达到自己独特的审美体验。个性化阅读是以学生为中心的，具有鲜明个性特征的个体阅读；在阅读过程中，教师要充分认识和把握学生的个性特征，并针对不同的学生，采用不同的阅读方式和方式，引导他们从不同的文本中形成自己的观点。在学生个性化阅读活动中，教师要发挥引导作用，提高学生的语言能力，培养学生的个性。

《普通高中语文课程标准（2017年版）》在教学上提出：要根据自己的兴趣、能力和特长，自主地选择自己的学习内容和风格。但是，在传统的阅读教学中，学习者是被动地接受"容器"，对文章的思想观念、价值观、情绪等都缺乏自己的独到见解，学生们对文章的理解大都来自教师或教参的解读。在这种"安逸"的读书教室里，学生不愿意思考，长此下去，如何才能激发他们的学习兴趣与潜力？个性化阅读教学的目的在于改变传统的阅读教学模式，改变教师以自身为中心、以教材为中心的教学模式，充分考虑到学生个体的不同特点，根据不同的特点，采用符合学生特点的阅读方式和思维方式。

**二、语文个性化教学的特点**

**（一）教学风格个性化**

教学风格是教师在长期的教育实践中所形成的一种特有的教学文化。有婉转轻盈，有涓涓细流，也有似大河东去，波涛汹涌。个性化的语言教学需要教师的教学风格、不羁的个性色彩、强烈的创新意识，因循守旧、墨守成规的教学只能雕出一模一样的"泥塑"。

**（二）教材处理独特化**

教材的独特性常常是教学成败的先决条件，也是衡量教学个性化的一个重要指标。教科书的处理要根据不同的文本和不同的人来进行。所谓"异"，实际上是指教师的个性，教师要"创造性地理解、处理和使用教材"，而实际上，个别教师在处理教材时，只是照搬《教学用书》中的一些简单的小窍门，充其量只能算是《教学用书》的"二道贩子"和知识的"兜售者"，没有任何个性。这也是急需改善的一面。如在学习《我与地坛》一课时，不仅仅局限于课文内容，而是让学生了解史铁生的人生之路，由此引发学生积极向上，坚韧不拔的生活态度，学会换位思考，远比只是单单欣赏一篇美文要好得多。

（三）教学形式实践化

教师应树立大语文教学理念："生命之延伸，语言之延伸"。《课程标准》强调："语言是一门实践性很强的课程，要注重语言的实践性、综合性，"要使学生在大量的实际活动中掌握语言的规律，从而使学生的语言能力得到全面的提升。结合学校、街道、社区的实际，开展"语文知识竞赛""课本剧排练""查找错别字""开展调查"等综合实践活动，使学生在活动中理解、感悟、运用语言，不断提升语文的创新能力。

（四）教学方法活动化

《语文课程标准》提出了"热爱学生的好奇心，提倡自主、合作、探究的教学模式"，并提出了"教学方法的选用，以促进学生的学习习惯"。在语言教学中，要倡导"活动"，使"思想"在"活动"中"张扬"，使学生的能力得到提升，使教师与学生之间的关系更加亲密。

（五）教学设计情境化

要根据学生的认识规律，在课堂上营造良好的情趣、情境气氛，充分挖掘教材的"活"元素，用情趣、意境"包装"知识，给学生创造一个充满魅力的学习情境。比如《装在套子里的人》，可以播放电影和电影，让学生自己扮演不同的角色，这样学生就能更好地理解那个可笑的陷阱，培养学生的改革和创造的精神，让学生主动学习，主动探索知识、寻求规律，给学生插上想象的翅膀，点燃思维的火花，从而全面提高学生的语文素养。

（六）师生对话的平等化

在《语文课程标准》的"教学建议"中，"对话"是指教师和学生之间的知识和情感的交流，而"平等对话"则是教师和学生之间的相互尊重和信任。我国自古崇尚"师道尊严"，学生们常常对教师唯命是从，不敢逾越。长此以往，学生的主体性意识就会被掩埋，沦为"附庸品"，从而造成师生之间的不平等。因此，要真正体现出"学生是学习的主宰"的思想，首先要突破教师的专制主义，使教师的教育民主化，使教师与学生之间的平等对话成为可能。教师与学生之间的平等对话，是当代民主思想在教师身上的一种美丽的折射，使教师在教学中熠熠生辉。教师与学生之间的平等对话，必须充分尊重和信任学生。传统的"家长制"只会使教师与学生之间的关系更加僵硬，任何体罚、变相体罚都会成为当代教育的悲剧。只有对学生的信任，才能激发他们的自尊、自尊和上进的自信心，让他们能够更好地参与到教学中去，真正体会到当"主人"的快乐。但实际上，有的学校只将学生当成一个"容器"，只注重"分数"。在这种情况下，教师和学生怎么可能是平等的？其次，"人"是教师要目的内容。教师要以平等的态度对待学生，才能真正体现出学生的主体性。指的是教师对学生的全面关怀和多角度的评估。

**三、理论依据**

孔子在中国古代的教学中，主张教师要根据学生的年龄、学习能力、性格和身体各方面的特点，来培养他们的个性，从而达到他们的最佳水平，这就是孔子的"因材施教"。《学记》是世界上首部关于教育与教学问题的专著，同时也渗透了个人的教学思想。在教学中要注意尊重个体差异，遵循学生的发展规律，培养自己的特长。而这些精华，正是个性化阅读教学的源头，也为阅读教学的发展奠定了坚实的基础。

（一）古今中外个性化教学思想的概观

1. 孔子的"因材施教"教学理念，即"以人为本"；

中国早期的教育应当是一个富有个性地教育。上古之时，口耳相传，父传子继，《论语》可谓是个性化教学的典范。孔子认为，教育的过程既是教师的传授，也是学生的学习过程。在教学中，没有教师的统一要求是不可能的，但是如果不从学生的实际出发，忽略学生的资质、性格、才能、兴趣等因素，就不可能达到统一的要求，从而达到共同的目的。因此，孔子在教育上十分重视根据学生的不同特征，以学生的实际情况为指导。孔子开创了私人学堂，广收门人，据说有三千多名学生，每个人的情况都不相同。但是孔子通过观察、沟通，对学生的性格特征十分了解。《论语·先进篇》中有一句话说："柴也愚，参也鲁，师辟，由也喭。"《论语·雍也篇》说："由也果，赐也达，求也艺。"因此，因材施教，采取启发式的方法，充分发挥学生的主动性，发挥他们的特长。

朱熹非常认同先秦儒家"因材施教"的观点，认为"因材施教"就是"草木生长，如雨水浇灌"。《四书集注》中多次提及"因材施教"，强调"各得其所"。

2. 道教个人化的"自然无为"与"各顺其性"

以老子"自然无为"的教育理念与方法为指导，道家主张"自然无为，顺应时势"的教育理念。即人的能动性只有在顺应自然、社会发展的规律、顺应时代发展的潮流，求真务实、随机应变，才能使人的积极性得到最大限度的发挥，并在此基础上，进一步提出"万物相合，合乎自然"的观点，即强调人的主体地位。这是道教最根本的一种教育理念。

　　庄子认为，一切事物都有自己的特点，每个人都有自己的特点和优点，因此，要对这些特点进行全面的认识和维护。他说："鱼处水而生，人处水而死。彼必相与异，其好恶故异也。故先圣不一其能，不同其事。"教育是一种培养人的社会活动，每个人都有自己的才能，每个人都有自己的优点，我们也要按照自己的情况来培养和任用人才，让他们充分发挥自己的才能。道教的"人各有其性"，因材施教，充分重视人的主体性，肯定了人的价值活动的多元化趋势，是富有辩证思维的智慧之言。

　　3. 关于"解放儿童"的陶行知近现代教育观

　　陶行知是当代著名的教育家,他深受杜威"教育即生活""学校即社会"的教育思想的影响和启发。陶行知的生命教育思想是"生活即教育""社会即学校"。他反对传统的教师"教死书、读死书"，提倡"教与学合一、手与脑结合"，以求"真知"，以发展学生的社会生活、生产和创造能力。具体做法可以归纳为：一是利用手脑，二是营造良好的学习氛围，三是充分发挥孩子的创造力。儿童创造性的解放主要表现在以下几个方面：一是，解放孩子的双眼，使他们更多地观察和了解现实生活；二是使儿童思想得到解放，启发和引导儿童独立思考，使他们摆脱迷信和陈规定型；三是要解放孩子的手，让他们自己动手，让他们自己去做；四是要让他们的嘴巴得到解放，让他们"有表达的权利，尤其是提问的权利，这样他们的创造性就会得到最大的发展。"五是给孩子自由活动的空间，让孩子们与自然、与社会接触，用丰富的知识来激发他们的创造性；六是要解放孩子的时间，反对"过度的考试"，因为过度的考试占用了孩子太多的时间，让孩子们没有创造的欲望和机会。

4. "尚自然""展个性"的蔡元培教育思想

蔡元培是近代中国文化教育领域的一位杰出的思想家、教育家。在教育理念上，他反对封建教育对学生个性的限制，提倡学生的自由发展。他指出，在传统的语文教学中，只有死记硬背的弊端，应"明察幼儿身心发育之道，择优而宜"，推行新的教育法。教师讲课，不是往瓶子里倒水，灌进去就行了。而是要像农民一样，"干旱的时候浇灌，虚弱的时候要扶持，寒冷的时候要把它放在暖房里，要吃的时候要给它施肥"。因此，他强烈反对违背自然、限制个性的教育，提倡"展个性""尚自然"，提倡"自动""自学"和"自觉"。具体而言，一是要激发学生的阅读兴趣，二是要使学习内容与学生的个性、现实需要相适应，教学方法要与学生的认知规律相一致；二是要指导学生自主学习，增强自学能力，提倡"教人不可以己之心，以己之力推之"；三是要让同学们能把握"公例"，并举一反三，"书只是个例证，我要从具体的事物中找出一些例证，然后再加以运用。"四是要灵活运用多种教学方法，以适应学生的不同性格和智力水平，也就是所谓"术学教学，两不能僵化"；与其追求单一，不如展示个人魅力。蔡元培的这种教学思想，对后来的语言教育改革产生了很大的影响。

5. 当代个性化教学的发展与模式

为了打破传统地说读教学藩篱，钱梦龙开创了一种新的教学模式，即"三主四式"。"三主"是导语教学的基本原则，它是"以学生为中心、以教师为中心、以训练为主线"的教学理念。"以人为本"，即让学生在教师的引导下，自觉地去读书、去理解、去认识自己。在教育活动中，学生要自觉地发挥自己的主体性和"发现真理"的能动性，同时也要通过主体来完成个性的全面发展，甚至是世界观的形成。所谓"以师为先"，就是确定了教师在教学中的领导和支配地位，而"导"则是"指导"而非"牵"，要在教学中因材施教，使学生得到启发。"四式"是指自读式、教读式、练习式和复读式。

魏书生教育改革的成功经验，在于让学生做好"学"的主人。首先要建立起师生之间的互帮互助气氛，提倡和同学们"商量商量"的思想；在学生产生了积极的学习意识后，适时地向学生提出了一些具体的教学方法，如阅读方法和写作方法；学生在掌握了教学方法后，就会形成一套自检、互检、他检、师检等检查体系，对学生的学习状况进行监控，使学生能够及时地做好自己的主人。

魏书生的教学工作中，教育的民主化是其鲜明的特色。魏书生每年都会出去讲学，但他的课堂上却是井然有序，自学成才。怎么会这样？魏书生说出了他的心声："我认为，民主化和科学化就像是语言教育的双翼，可以把我们从必然的世界带到一个自由的世界。"魏书生的"民主化"教学效果显著，得益于其在语言教学中建立起一种科学的管理机制。该机制包括计划系统、监督系统和汇总反馈系统三大体系。这三大体系体现了教育的科学性和民主性。作为学习的主人，学生必然会有意识地发展自身的人性要素，培养内心深处的真、善、美，从自由的人到自我的自我。

他还提出了"六个步骤的教室"。课堂六个步骤：定向、自学、讨论、答疑、自测、自结。魏书生和学生们一致同意的六步教室教学方法，是教育民主化的结果，对学生进行个性化教育有很好的探索。

宁鸿彬在教学中深深地体会到："一个不懂讲道、不会适时传授知识的教师，纵然博学多才，也很难使学生们得到解答。"他从教育学、心理学和教育学著作中吸取养分，从观察教师的教学中吸取经验和方法，广泛吸收和吸收，并在实践中形成一种与自己教学特点相适应、与教育理论相适应的教学方法，注重掌握青少年的心理规律，充分发挥他们好问、好说、好争论、少顾虑的特点，构建了以培养学生自主学习能力为中心的教学架构。宁鸿彬主张，在课堂上，要让学生自己去阅读；问题应该是学生自己提出的；问题的解决要靠学生自己的分析和解决；知识要靠学生自己去发掘和获得；规则要靠学生自己的归纳和把握。教师们仅在"指导"上下功夫，在"思路"上为每个学生的学习实践活动打开了一条新的途径。宁鸿彬以这种教学理念为指导，提出了"读－问－悟－归纳－练习"五个阶段的教学过程。五个步骤，包括四个方面：一是仔细阅读，发问；二是对问题进行分析和研究；三是对知识的归纳和掌握；四是强化实践，注重知识的应用。他从打破"师传生受"的观念入手，对学生提出："要有独立思考、不迷信古人、不迷信名家、不相信师长、不相信别人、敢于发表自己的意见。"他指导学生广泛阅读与文本相关的各类材料，并将其带入课堂，与教师授课进行对比。如果你觉得你所说的和你所说的不一样，你可以发表你的看法。宁鸿彬认为，要培养具有创新精神的人才，首先要培养创新精神。而语言教学，可以充分利用学科的特性，充分发挥自身的优势，在培养和发展学生的探究能力方面，具有特殊的作用。

当然，上述三位教师都是优秀的教师中的佼佼者，他们的理论与实践为我们的个性化教学提供了很多有价值的经验。

（二）现代理论依据

1. 马克思主义关于人的全面发展理论

作为"人的教育"的个性化教学，不可避免地要探究"人的发展"这个问题。马克思的人的全面发展思想对人的发展做出了较为科学、综合的阐释。

　　马克思突破了过去从"人性"的抽象视角着眼于人的发展的趋向，着重于从"现实的人"的视角揭示了人的本性：一是从现实的、必然的层面上揭示了个性的发展与后天环境、教育的必然关系，从而实现了个性化的教育；同时，将个性发展与社会发展相结合，提出了个性化教育价值选择的分析思路和价值取向。马克思主义深刻地揭示了人的全面发展的内涵。马克思把人的发展看作是人的全面发展与人的充分自由发展。"人的全面发展"是人的主体地位，即人的各项素质的全面发展；"自由发展"从主体与对象的关系出发，体现了人与社会的相互作用，体现了人对自然、社会以及自身的认知与变化。从这一点可以看出，马克思关于人的全面发展是"量"和"质"相结合的观点，说明了在实施个性化的过程中，要注重"量"的丰富，同时要注重"质"的充分发展。马克思的全面发展思想强调了个体的全面发展，强调了个体的整体发展，强调了整个社会的整体发展。因此，个性化教育不应该是精英教育，也不应该是英才教育，而是应该让每一个人都能获得充分的、自由的发展。

　　2. 多元智能理论

　　美国心理学家加德纳（Gardner，1983 年）倡导的多元智力理论。加德纳把将来的学校称作"以人为本"的学校，它的核心思想是尊重学生的不同。多元智力理论质疑了智力一元论，它认为人类智力是多元的，而不是单一的。他相信，人类除了拥有语言智能、数学运算、逻辑思维、科学分析之外，还有音乐、运动、人际关系、自我认知等等。因此，在教育和教学中，要充分尊重学生的个性特点，实施个性化的教学。

　　在传统的学校教学中，往往注重学习语言、数学等学科知识，而忽略了其他智力的作用，忽略了学生的全面发展，这与当前的素质教育思想相违背。多元智力理论突破了以往仅凭成绩来评判学生的传统观念，认为每个人都有自己的潜力和优点，都能创造自己的价值。教师要有敏锐的洞察力，了解学生的性格，适时地调整教学目的，使每一位同学都能学到不同的东西，各有所得，各有所长，从而使学生全面发展。

多元智力理论对个性化教学的影响：

（1）多元智能打破了传统知识的局限。传统的教育模式把智力局限在数学、数学和语言能力的认知上，从理论上讲，对全面的科学理解是不利的；实际上，很多人才都被扼杀了。多元智力理论拓宽了人们对智力的理解。

（2）多元智能为个性化教学的必然性辩护，从多个学科的角度审视人的认知能力，将智能操作的内容与行为与人的成功紧密地联系在一起。加德纳于2000年对人类智力进行了重新界定，他说："智力就是一种生理心理信息和心理潜能，在一定的文化背景下，人们可以用来解决问题，或者创造出一种被文化看重的作品。"智力是无形的，也是不可测量的，是许多不同的神经潜力。这种潜力取决于这个文化所看重的价值，这个文化所带来的机遇，还有个人在自己、家人、教师等因素的影响下做出的选择和决定。个人的优势智力是不一样的，所以要建立一个轻松的学校组织文化，使个人的各种优点尽可能地不受阻碍地发展。

多元智力的出现，对教育界的冲击是巨大的，这说明传统的"一刀切"的教学和学习方法对学生的个性发展造成了很大的阻碍。只有充分考虑到每个人的个性差异，才能使每个人都能充分发挥自己的潜能。所以，教育要以人的智力为基础，充分发挥人的智力，为人提供丰富多样的智力环境，让他们有更多的选择，发挥他们的优势，发挥他们的潜能，发展他们的个性。

3. 建构主义理论

建构主义的提出为人类的个性发展提供了一种全新的途径，这对我们重新认识教师、教学观、学生观都有着重大的现实意义。建构主义认为，人的认知与认知取决于个人，而且世间万物并非一成不变，认知也会随之变化。知识结构论认为，知识是动态的，是环境的，是学生在具体情况下，基于已有的知识结构。建构主义的教育观主张，教师不再仅仅是知识的传递者，而是要根据具体的教学任务，创造出一些情境来引导学生积极地建构新的信息。

建构主义认为，教师应引导学生在知识体验中建立起一种新的、本质的、意义的认知。由于不同人的知识基础不同，他们对不同的知识进行了不同的重构和改造，他们对知识的认识也有个体差异，因而不能以"标准化"的方式来要求他们。在建构主义的指导下，出现了很多新的教学模式，如探究式教学、支架式教学，这些教学组织形式都有助于激发学生主动学习，主动建构新的知识。这些理论与组织方式对个性化教学的发展都是有益的。

4. 接受美学理论

德国美学家姚斯、伊瑟尔在 20 世纪六七十代首先提出接受美学的概念。接受美学的基本特点就是将读者置于文学理论和美学研究的核心位置。接受美学的关注点不在于文字的丰富程度，不在于文字的华丽，不在于文字的组织，而在于读者在阅读时的感觉。"它批判了过去的文学理论将文学的重心集中于文学本体的观念，并明确地指出，文学史既是作者的创作史，也是读者的阅读与回应。"接受美学打破了作者、文本、读者之间的隔阂，注重读者的阅读体验，读者在阅读文本时，会从自身的阅读体验中对文本进行语义的认识，并依据自身的理论结构来构建文本的潜在价值。此外，作家在进行文学创作时，往往会在文本的各个层面上留有"空白"。因此，在阅读过程中，读者必须积极地构建出"空白"的内涵。

5. 西方人本主义教育思想

现代本位主义的教育思想是近代西方的一种重要的教育思潮。它继承了文艺复兴以来的人文教育，注重人的价值，强调人的主体性和自尊，注重人的个性、人性和潜能的发展。根据马斯洛的需求层级理论，人本主义教育者认为，人本教育的首要目的在于培养人的个性，使其认清自己是独一无二的人，从而使其充分利用自己的潜力。罗杰斯认为，要让下一代"充分地利用自己的潜力"，在实际生活中可以被信任；具有适当的行为和适应社会的能力；富有创意，能不断变化，不断发展，不断发现自己的新事物；自尊也会对他人表示尊敬。同时，也建议学生要有"学会自由"的自由。他还在教学方法上提出了"非指导性"的观点，提倡有意义的学习。"有意义学习"就是学生自主、自觉地进行学习。这种学习方式需要学习者在很大程度上自主地选择学习资料，并根据自己的情况来安排合适的学习环境。在教学中，教师的角色主要是引导学生自主学习，而教师则是促进学生自主学习的重要因素。

人本主义的教育理念对个性化教学的启发在于：人本主义强调"以人为本"，这就要求我们在教学中要尊重学生的个性，充分尊重他们的权利、尊严、思维方式和个人发展的方向。学校应从"教师"转向"以人为本"。在课程内容的编排和教师的教学方式和手段的选用上，必须充分发挥学生的主动性、主动性和创造性，充分发挥学生的潜能。只有这样，才能真正体现出"以人为本"，以尊重人的发展为教学目标的个性化教学。

6．后现代主义思潮

后现代主义思潮是 20 世纪五六十年代在西方出现的一种新文化思潮，它将矛头直指现代文化中的各种弊端。后现代主义者认为，在传统中，人们总是试图从"多"中发现"一"，从"异"中求得"同"，从"表象"中探索"本质"。用这种单向的、整体的、同一的思维方式去分析问题，看待世界，看待人本身，其实就是对世界本身丰富性、多样性，人本身的多变性、复杂性的无视。后现代的思维方式把人们从这种纯理性的、单一的、整合的思维方式中解脱出来，将人们从远离现实的境界中拉回到丰富多样的生活中，让他们重新认识、感受、理解这不再是无味的、枯燥的世界，让他们重新认识这个区别于他人的自己，重新感受自我——这个生命与思想的独立的个体的存在。后现代的思维方式主要具有多元性、异质性、开放性、宽容性等特点。这是一种求异的思维方式，这种思维方式不仅解放了人的思想，同时也为人的个性的解放铺开了广阔的背景。

后现代主义思潮给我们的启示：后现代思潮的出现有利于个性的自由发展。它要求我们的教学不仅要重视学生的同一性，更要关注学生的个性差异，关注学生丰富的、多样的、复杂的个性特征，并根据这样的特点来安排教学内容、教学模式和教学手段。又由于后现代主义思潮强调知识的传播具有主观性，是主客体相互作用的结果，个体获得知识的过程本身就是一种个性化的过程，强调个体对知识的理解和感受。这样，后现代主义的氛围强调了个体以创造性的获取知识的权利，给予了个体以主动的、自我的内化知识的空间。因此就要求我们打破以往灌输的、单向的、沉闷的知识传递方式，代之以个性化的、启发式的、双向的或多向的教学形式。

7．外国教育史上的个性化教育思想

从近代西方教育史来看，中世纪文艺复兴运动、近代资产阶级启蒙思想、近代进步主义、存在主义、人本主义等等都是对人类个性的宣传。教育者中不乏个性教育的，如苏格拉底所创立的"助产术"，其目的在于创造一个宽松、自由的环境，从学生的兴趣出发，引导他们去探索真相，让他们的个性得以彰显。夸美纽斯主张，教育应该遵循自然规律，最主要的是要按照孩子的本性来发展，也就是按照孩子的本性来进行的，他说："如果一个人或另一个人的思想不符合，那么他就不适合他，因为他的思想和植物、树木、动物都是不同的，所以我们应该用这种方式来对待，这种方式也不能适用于每个人。"法国的自然派作家卢梭在《爱弥儿》一书中说："问题不是要教会他学习，而是要使他有一种兴趣，当他的兴趣发展到一定程度时，再把他的学习方法传授给他。这一点毋庸置疑，是一切优良教育的根本准则。"强调了教育要符合自然的需要，要符合人类的天性，而不能忽视孩子的个性，而要干预和限制孩子的发展。另外，布鲁纳的发现学习理论、奥苏伯尔的成功动机理论、建构主义理论都与个性化教学有关。苏联著名教育家苏霍姆林斯基在综合发展理论的指导下，也提出了"全面发展的个性"这一观点。

# 第四节 语文个性化阅读教学的现状与误区分析

## 一、个性化阅读教学的现状分析

高中生在阅读能力、课堂表现、课外阅读等各方面都存在着明显的不同，因此要把握学生阅读的特征，开展个性化阅读教学，提高阅读能力。

### （一）高中语文阅读能力特性

初中生的阅读能力刚刚成型，可以读懂一些简单的文字，但是他们的阅读能力不强，还没有养成良好的阅读习惯。此外，在阅读的数量和速度上，也存在着一定的限制，阅读的目标不明确，对文章的归纳能力也很有限，但在教师的指导下，可以说出自己对文章或角色的看法，具有一定的表达能力。

初中生的阅读能力得到了进一步的发展，阅读速度也有所提升。能独立地表达自己的观点，并能根据上下文的不同情况来分析人物的性格特征；能在阅读课文时敢于表达自己的观点，能运用协作式的探究方法来解决问题；能通过阅读来了解不同的词语，了解和学习使用不同的修辞技巧；能够在读书的同时，自主地进行思想活动，丰富自己的情绪，从而对生活有所领悟；能较好地把握各种文风的特征，能读懂浅显易懂的文言文，并在学习的过程中积累大量的实词、虚词、通假字、古今异义词等文言文，并能在朗读中感受到作者所抒发的感情。

在中学阶段，学生已具备了独立阅读的能力，能够从不同的上下文中辨别出词语的情感色彩，并在多种言语活动中积累了丰富的语言素材，并能熟练地运用多种语言的阅读方法和技巧，使学生的语感得到了发展。对于不同时代的文学作品，能够根据自己的语感和掌握语言的规律，通过口头和书面的方式来表达和交流自己的观点。思维素质的发展，思维的深度和批判性都很强，对人物的性格、思想、情绪都有自己的理解和看法；提高了形象思维能力，能够在阅读时体会到各种人物的特征，从而丰富自己的语言经验。通过阅读，可以得到一种特殊的美学经验，从而提高自身的品位。在阅读古典文学时，能够积极地继承和弘扬中华优秀传统文化；阅读不同国家、不同民族的文学作品时，能够体会到不同的语言文字的魅力，了解不同的文化，接受不同的文化差异，并从中吸取优秀的人文精神，提升自身的文学修养。

高中学生的阅读能力表现为认读、解读、欣赏等多种能力。从语文课本中选取的文本来看，与初中相比，这类文本更难理解，也更需要学生的阅读理解。比如《逍遥游》，它包含了大量的文言实词、虚词和特定的句型，特别是文中的"大鹏""学鸠"和"朝菌""大椿""彭祖"的含义，让学生们更容易理解。在学习这一文言文时，要先把"北冥""鲲鹏""抟""坳堂""草芥""夭阏""蜩""春粮""蟪蛄""斥鴳""泠然""蓬蒿"等生字的读音弄懂，了解文章中的许多实词和虚词的意义，掌握句子的判断句、倒装句和"其、邪、奚、为、恶"等固定句型。此外，本文还引用了许多寓言，使学生在理清文义的同时，也能体会到作者所表现的逍遥自在的境界，以及庄子说的天地万物，如果"有所待"，就是不自在的；体味庄子散文想象丰富、奔放的特征，以及意象化地说理文体。在此之前，同学们都有一定的文言文阅读能力，而他们自己则可以通过学习工具来了解其中的要点。所以，根据学生目前的阅读和认知特征，可以很好地完成本课文的学习。

（二）高中语文阅读课堂特性

小学高年级的阅读课堂气氛较为活跃，主要以朗读为主，但由于学生的认知和理解能力较差，因此必须通过领读、个别朗读、分角色朗读等多种方式来提高学生的学习兴趣。在课堂上，教师要善于运用"有意识"和"无意识"这两种思维方式，合理地运用图片、声音、视频、直观展示，以引起学生的兴趣和注意力。此外，该时期的学生思想活跃，爱表达，对教师的提问能够主动地进行思考，并乐于发表自己的观点。在此阶段，教师要培养学生的求知欲，并鼓励他们大胆地发表自己的意见。

与之相比，初中的语文阅读课更"规矩"一些，教师教的东西，学生要记住的东西，不能很好地自觉，不能很好地阅读，也不能很好地掌握知识。在教学过程中，教师要以学生为中心，以灵活的方式进行教学，使学生能够主动地参与到阅读中来。在此阶段，教师要在教学中主动创造出多种问题情境，让学生处于具体的学习环境中，激发他们的积极情绪；同时，要重视对学生的思想感情的培养，使他们能够感受到作品中所包含的感情，从而引起作者的共鸣。此外，在此阶段，也不能忽略学生的基本语言知识。

高中的阅读课主要是由教师授课，辅以朗读、讨论、陶冶等。这一时期，学生的思维能力发展得很快，思想也变得很活跃，思想也变得很活跃，经常会形成自己的见解，但是很容易变得消极，不愿在课堂上积极地表达自己的意见。此外，由于高考压力太大，高中的阅读教学压力太大，阅读活动往往以高考为中心。而以试题为中心的阅读教学，往往忽略了学生的个人观点。

（三）高中语文课外阅读活动特性

课外阅读是拓展阅读领域、增加知识的重要途径。由于教科书中的文本仅仅是对学生进行语言学习的一个范例，因此，在课外阅读方面，我们需要进一步强化。鉴于小学生自身发展水平的限制，教师选用的课外读物应符合其自身的特点，既要有利于学生的身心发展，又要培养学生正确的价值观，还要促进学生的思想道德修养。在开展课外活动时，应引导学生形成正确的阅读方式和习惯，并广泛地积累课外知识。在初中阶段，学生有了一定的阅读量，语言知识和语言技能都得到了发展，教师要引导他们进行多种形式的课外阅读，拓展他们的阅读领域。《中学语文》的教学大纲要求初中生要自主制订自己的课外阅读方案，每年至少要看两到三部经典作品，课外阅读量不得低于 260 万字。教师要定期组织学生的课外阅读，了解他们的阅读状况，并与他们交换自己的阅读经验。

高中学生的课外阅读活动越来越广泛，阅读的内容也越来越深入。学生的自主性比较高，他们会根据自己的兴趣选择不同的读物。在学校里，学生和教师也会对课外书籍的选择产生一定的影响。此外，学生还可以参与一些课外活动，如阅读交流、阅读比赛、讲座、朗读等。在家里，通过手机、电脑等媒介，可以通过网络阅读，阅读的碎片性增加，阅读的类型也变得复杂。此外，在高考的大背景下，应对课后阅读进行适当的安排，使课堂上的阅读和课外阅读之间的协调。比如《一滴眼泪换一滴水》，是从法国浪漫派作家雨果的杰作《巴黎圣母院》中选取的，历经二百余年的法国文坛仍然是最耀眼的一颗明珠，对学生们了解世界的美与丑、人性的善恶有着不可估量的意义。在语言表达、写作特色、艺术手法、文学价值和社会意义上，都是值得在课外认真研读和欣赏的优秀作品。此外，《巴黎圣母院》还能让学生们学习《悲惨世界》《海上劳工》《九三年》等文学佳作。

通过对小学、初中、高中的阅读能力、课堂阅读和课外阅读的对比研究，发现高中生能够独立阅读各种文体，能够独立分析文章的内容和感情；能够在课堂中形成自己的独特见解，具有一定的个性化阅读能力，是培养个性阅读的关键时期。要把握好"课程标准"的内涵，在教学中实施个性化的阅读教学，把握好学生的学习重点，促进其个性发展。

**二、个性化阅读教学的误区**

长期以来，在教学过程中，充分发挥学生的主动性已经成为一种普遍的认识。在阅读教学中，怎样才能充分发挥学生的主动性？当代读者的阅读观念是：阅读并非单纯的解码，而是一种重新创作，一种实现的过程，一种师生与文本的沟通。《普通高中语文课程标准》也提出，要重视个性化的阅读，要充分利用自身的人生经历、知识的积累，积极主动地思考、情绪，从而得到一种特殊的体验。

所以，个人化的阅读是什么？个性化阅读的关键是要尊重每个人的主体性，尊重每个人在阅读过程中所遇到的最原始的、独特的体验和洞察力。这使得阅读教学变成了一种无预设、无指令的流程式教学。

目前，随着新课标的提出，个性化阅读教学已经被越来越多的教师所接受，并且正在逐步被实践，过时地阅读教学观念正在从历史的长河中消失。然而，许多教师在摆脱了传统"歧途"后，又陷入了新的误区。首先从几个最普遍的误解开始。

（一）过分重视阅读的个性，忽视了道德的下限和文本的具体指向

1. 重个性化解读，忽视了道德底线

从接受美学的角度来看，在阅读时，每位学生都是以自己的期望视角

来观察文本，进入文本，产生图像，填充空白，也就是寻找理解与自我认识。在阅读过程中，学生是主要的阅读主体，因此，要指导学生进行个性化的阅读，挖掘个性，提高自身素质。但是，现在的个性化阅读陷入了一个"学生的发现都应该给予肯定"的新误区。特别是很多公开课，为了体现新课标的精神，明知学生的发言有些不妥，甚至在情感、价值观上存在问题，但为了不打击学生的积极性，教师不做引导、评论，睁一眼闭一眼就过去了。个性化阅读到底该不该有界？"界"在哪里？学生在与文本对话的过程中必须有道德底线这个"界"。

作者曾见到过这样的一个课例，教师讲的是莫泊桑的《项链》。教师让学生分析玛蒂尔德这个形象，有个学生分析说："她很傻。丢了项链赖账不就行了，或者搬家躲开佛莱思节夫人，为什么要傻乎乎地用十年艰辛去偿还？如果不还，不就可以避免她的悲剧吗？她的悲剧是可以避免的。"此言一出，同学们纷纷出主意，为玛蒂尔设想赖账的办法。教师对学生的发言没有做任何评价，甚至还额首赞同。这样的想法如果不矫正该是多么可怕！我们尊重学生体验和理解的同时，应对一些不道德的想法给予否定。不能因为有了"个性化阅读"这一招牌，就无视文本的价值取向，忽视了对学生道德的教化。

在应试教育的体制下，家长看重孩子的学业成绩却忽视了孩子的道德品质，加上整个社会功利观念充斥，孩子们的心也不可避免地被污染。如果我们教师不去矫正，我们培养出的人才该是什么样的"人才"？

2. 重个性化阅读，过度阐释偏离了文本

一般说来，好的文艺作品总是在形象体会和意义建构中留出了较多的空间与不确定点，这种空间与不确定的因素构成了一种"召唤结构"，它要求读者根据自己的期望视野来填充、对话，激发读者的想象、反思和探究的积极性，并在创作过程中完成对作品的接受。这也充分说明了个性化阅读的必要性。但在具体教学中，文本中的不确定点是否可以随意解读呢？

例如：有位教师在讲《孔雀东南飞》时，让学生分析刘兰芝悲剧的原因，有个学生说："刘兰芝才貌双全，有礼有节，即使被休回家之后也有身份高贵的人慕名求婚，但焦仲卿的母亲就是不喜欢。这个原因很可能是因为她没有生育。在古代，不孝有三，无后为大。她的没有生育或不能生育就决定了她被休的命运。"此言一出，全班哗然。不少同学附和，教师也赞许他说得有道理，评价："是啊，这恐怕是刘兰芝悲剧的主要原因。"说实话，学生的发言和教师的评价不是一点儿道理都没有。但这样解读《孔雀东南飞》，无视作者的写作目的，无视当时社会中妇女的地位和人们的思想观念，把个性化阅读理解成为不顾作品的基本意义而随心所欲地解读，则是一种要不得的过度阐释。

其实，作品表达了作者的思想感情，作品产生后就具有客观的规定性。它引导着、影响着、制约着我们的理解。在阅读中，我们应该遵循一定的阅读规律，用比较客观的态度去感受、体验和认识。虽然学生的期望视角不同，对作品的感受、体验和理解不可避免地存在着深刻和浅薄、全面和片面、对与错，但是教师们却不能视若无睹，反而将其视为新奇。我们应该通过阅读来指导学生，深刻地理解文章的精髓。

（二）过分强调阅读的扩展，忽视了文章的主题和语言的品味

为了体现语文教学中的迁移训练，更充分体现学生个性化阅读的成果，有的教师用大量的时间脱离文本，更脱离文本语言，让学生拓展联系，热烈讨论，充分展示学生的个性化理解。听课人对所拓展的内容不禁茫然：

是历史课？还是政治课？抑或是其他课？

有一位教师在讲舒婷的《致橡树》时，用很少时间读了读课文，却用大量时间提出了几个拓展性思考题展开讨论：你心中理想的爱情是什么？你理想中的妻子（或丈夫）与你是怎样的关系？你对自己父母的爱情婚姻如何看待？这几个问题脱离文本，游离了《致橡树》这首诗的主题，游离了学生的经历和思想。这样让学生各抒己见，进行个性化阅读，实在没有必要。如果学生能联系自己的生活经历、思想感情，从文本中激发新的想象与联想，在品味文本语言的基础上，对文本的意义加以适当引申，进而赋予其新的意义，这是符合个性化阅读要求的。

我们不反对适度的拓展，也倡导学生对文本有自己独特的体验。但适度的拓展应以完成教学的主要内容为基础，应以文本为前提。那种将文本扔在一边，忽视文本语言的解读，脱离教材的所谓拓展的做法是不足取的。武汉著名特级教师洪镇涛曾批评这种教学行为是："荒了自己的地，去种别人的田。"

目前，许多教学有个性化阅读之名而无个性化阅读之实。表面上看，课堂热热闹闹，学生们各抒己见，但是对话内容却不在文本上、不在文本的主题上，而是指向别的内容。这样的课堂，不管学生的主体性怎样得到了发挥，但文本应该掌握的内容没有掌握，学习文本的目的没有达到，这样的个性化阅读就是无效的。我们倡导的个性化阅读，归根结底，是为提高学生的语文素养服务的，而不是看表面形式。

（三）过度强调阅读的自主性，忽视了教师的主导性

1. 为尊重学生个性而自主讨论，仅是浅阅读

个性化阅读，就是教师以充分尊重学生的个性为基础，将鉴赏、评价

的权力交予学生，让学生自主阅读。常见的形式是讨论，一定的讨论能达到思维交流的目的。但有的教师为体现学生的主体地位，尊重学生的个性体验，一上课便让学生把课文草草一读，甚至课文也不读，就开始讨论。一会儿个人发言，一会儿分组发言，一会儿又是全班交流。这样的形式看似活跃，实则浮躁。在这样的讨论中，学生缺乏对文本深入的思考，又加上没有教师恰当的讲解，画龙点睛地提示，这种讨论仅仅是一种浅阅读，讨论不出文本中深刻的东西。教师的作用没有发挥，学生的个体感受与体验的正确与否得不到合理评价，学生的阅读也就迷失了方向。

比如，在一堂关于曹禺《雷雨》的课堂上，教师不让学生仔细阅读，而是先问："周朴园是否真心爱鲁侍萍？"教室里立刻分成了两派，一派认为周朴园仍然爱着鲁侍萍，一派则把周朴园看成了一个眼里只有金钱而无情感的资本家。教师把学生分成两组讨论，两组学生针锋相对，各持己见，辩论得不分上下。讨论结束，这个问题也就结束了。这样的讨论最后得出了什么结论？如果什么结论也没有，学生对这个问题的理解也只能是浅理解。其实，在学生讨论中，教师完全可以相机而导，教学生学会辩证地看一个人，学生的理解自然就会深入。

我们说的个性化阅读，核心是让学生经历阅读过程，但并不是说不需要教。如果每堂课都变成了学生讨论，各抒己见，这样的阅读只能是浅阅读，因为学生由于各方面的限制，不可能使阅读走向深入。

2．学生随心所欲地自主理解，教师不作合理的评价

有些教师由于对个性化阅读的认识不够深入，或者过分追求，在班级里，他们自觉地让出了平等的位置，而让学生随意地去理解。教师们面对不同的解释，要么是低声夸奖，要么就是不做评论。一节课，不但让那些

没有判断力的学生觉得自己错了，而且还让别人摸不着头脑。盲目地尊敬和肯定学生，是在打破一种极端的实践的同时，又不幸地走到了另外一个极端：如果不改正，就会混淆理解；夸奖不得体，贬低了赞扬。如果不能对此加以关注，那么我们的阅读效率将会不断下降。

比如：在读《六国论》时，有人认为：从历史发展的趋势来看，秦一统是客观上有利的，六国抗秦则是对历史发展的一大障碍。这听上去很有道理，是不是？教师没有回答。学生随意误解课文的一个主要原因是忽略了在文章后面的另外一个主体——作者。他引导着、影响着、制约着我们的理解。由于有了这种主体，我们就不能完全地理解原文。

我们主张从不同角度来理解文本的含义，这也是我们所倡导的"一千个哈姆雷特"的理论。但是，任何理解都要以对原文的尊敬为前提，这种对原文的随意解读是毫无意义的。我们对文字的尊敬，也就是对其客观的尊重。虽然接受美学倡导的是多元的阅读，认同学生的个性和差异，但也不赞成随意的解读，因为作品本身就带有作者的情感、情感和情感，以及对生命的独特感悟、体验和述说。在阅读过程中，学生不能忽视作者的角色，因为要理解作品的客观属性，而不能忽视其文化背景、时代背景、作家的思想和处境。不然，就是扭曲了原文。

3．尊重学生的个性阅读体验

自从新课程倡导"注重学生的个性化阅读"以来，课堂上充分发挥学生的主体性这一方面做得比原来好多了，但也出现了有些偏离教学目标的"教学"，整个课堂由学生牵着走，导致课堂内容混乱无序，教学计划不能顺利完成。

例如：一位教师讲《再别康桥》，请学生就徐志摩的康桥情结发表看法，一位同学讲了徐志摩与林徽因的故事，另一位同学又由此想到了徐志摩与陆小曼的恋情，还有一位同学又讲了徐志摩与张幼仪的婚姻以及徐家对张幼仪与陆小曼的看法，其他同学纷纷补充，有的同学讲了梁启超在徐志摩与陆小曼婚礼上的一番言论，还有的同学讲了陆小曼在徐志摩死后的生活等等。整个一节课成了徐志摩私生活及与他有关的女人的私生活的大暴露。教师不将学生的思路引导到课文上来，课堂内容混乱、无序，一节诗歌赏析课成了名人婚恋生活的回忆课。如果下一节继续这个话题，恐怕还有很多内容。那么多名人私生活对理解《再别康桥》有用吗？在这样一节任由学生思维游走的课上，教师的首席作用发挥在哪里？

我们尊重学生的主体性与个性化阅读，并不是任由学生拉着教师走，学生走到哪儿，教师就跟到哪儿。每节课的教学内容，教师心中应该有数。当学生脱离本课程的教学轨道时，教师要将其带回到课堂上，不要让他们随意地引出一个话题，而忽略了应该做的事情。

以上我谈到了新课程理念下个性化阅读的几种误区。在教学中，教师对个性化阅读必须有一个清醒的认识。个性化阅读教学要尊重学生的个性，但不能单方面地放大个性，要将个性置于共同的环境中。在教学和学习中，我们要注意阅读的个性和共同的一面；尊重不同的学生的不同性格，激发他们的个性，又能引导学生从自己的认知结构出发去领略鲜活的阅读材料，并最终将文本的思想感情融入并消化成为自己思想精神的一部分。这样，才能使个性化阅读的效果落到实处，真正提高学生的阅读能力。

### 三、走出误区要处理的三重关系

个性化阅读的价值不可否认。但如上文所说，有的个性化阅读确实走进了误区。要想摆脱这一误区，首先要解决好三个问题：

（一）个性化阅读与正确解读

新课程标准下的"个人化"阅读，使学生能够更好地理解文本，但是一些教师却片面夸大了学生的主体性，否定了文章的客观含义，让学生去理解。我们倡导"个性化阅读"和"正确解读"的有机统一，既要符合"美学"的创作逻辑，又要符合"教育规律"。

1．学生的体验与作者的思想都不能忽视

在阅读活动中，学生是主要的阅读者，因此，教师应当尊重他们的阅读经验。建构主义认为，学习并不是一个将知识传授给学生的过程，而应该由学习者积极主动地建构，这种建构所带来的特殊体验不可忽略。同理，作品是用来表达作者的思想感情的，具有客观性，也需要读者用比较科学的态度去解读，进而实现深层对话。如果无视作品的客观性随意解读，那是对作者的不尊重。

2．对文本的正确解读相对而言是可能的

任何一种文学创作，都有其自身的客观规律，它对我们的认识有着一定的限制。只有尊重一定的阅读规律，用自己的感受、体验与作品深层对话，才能相对正确地理解文本的意义。我们要求学生不仅要有表达自我的勇气，还要有实事求是的态度。个性化阅读不能停留于个性，还应和实事求是的科学精神相结合。

所以，学生的个性化阅读并不一定都正确，只有将个性化解读依据一定的规律引入到正确解读的轨道上来，个性化阅读才有价值。

（二）个性与共性

在许多人看来，个人化阅读是实现教育民主的一种途径。民主的内容至少包含三个层面：第一，每个人都要尊重自己的观点；第二，每个人都要尊重他人的观点；第三，对一件事情的决策，必须要获得大多数人的同意。教育过程的民主，不仅是每一个学生都有机会发表自己的观点，还需要彼此交流、磋商，达成"共识"。

个性化阅读注重个性，这是由于长期以来忽略了学生的个性而被提出来的，其目标是使学生充分体验到阅读的过程，而不是教师的分析。但是，注重个性不等于排斥共性，全面展现阅读个性只是过程，而对这种共性的认识则相对准确。个性最后总要归于共性，二者并不冲突。我们尊重学生的个性体验，是为了促进学生思维的发展；我们将阅读结果归于共性，是为了揭示阅读的规律，实现阅读的目的。个性向共性的转变过程，是学生体验、感悟、思考的过程，也是多重对话的过程。在这个过程中，人的潜能得到发挥，人的个性和价值得以实现。所以，在阅读教学中，这个过程不能省略，不能只求共性这个目的，而要重视个性展示的这一过程。根据人文主义理论的观点，阅读的目的不是为了获得某个结论，而是为了人的自我实现。

（三）学生的个性化阅读与教师的引导

教学的目标是在最短的时间内提高学生的综合素质。因此，在"个人化"的名义下，阅读教学不能仅限于目前的理解水平，而是要在教师的指导下实现更高层次的理解。尊重学生个人的阅读经验，并不意味着认同或肯定了学生对文本的理解，而对文本的误读是不可避免的。教师不纠正学生错误阅读课文就不正常了。

学生对课文的认识存在着很大的差异，这是因为他们的文化底蕴和他们的语篇不能在一个水平上进行对话。这时，就需要教师的帮助了，教师应给学生提供相关的提示，搭建一个平台，使学生与文本展开有益的对话，从而提高学生的阅读能力。

学生对文本的理解有错误并不可怕，可怕的是教师在"个性化阅读"的旗帜下对学生错误的默许。如果教师在阅读过程中不能发挥首席作用，对学生的错误不能加以正确引导，任由错误观点在学生心中传播，这样的阅读就是低效的甚至有害的了。

可见，在个性化阅读教学中，教师的作用不是削弱了，而是更重要了。面对学生个体的各种各样的甚至教师也想不到的理解，教师要有应变能力、识别能力、引导能力，具有对文本纯熟的驾驭能力。否则，就会出现教师对学生的错误理解也做不出判断，不加引导，任其发展，使学生在阅读中迷失方向，搞不清究竟是对还是错，弄不懂文本究竟该怎样解读。

总之，个性化阅读是建立在教师对教材个性化理解的前提下，充分调动学生个性化阅读的积极性，进而较准确地把握作品内容乃至感情的过程。处理好以上三重关系，就能使师生走出个性化阅读的误区。

# 第三章 高中语文个性化
阅读教学原则和基本条件

## 第一节 个性化阅读教学原则

个性化阅读教学原则是以教学目的为依据，遵循一定的教学规律而制定的对个性化阅读教学的基本要求。个性化阅读教学原则是在普遍教学原则的基础上进行特殊化、完善化的原则。这些教学原则在非个性化阅读教学中虽然也需要遵循，但目前没有得到较好地落实。于是作者把它们充分运用到个性化阅读教学中，从而更有效地指导教师的教学。

### 一、启发性原则

启发性原则早在春秋时期就被孔子首先提出，《学记》"道而弗牵，强而弗抑，开而弗达"也是这一原理的具体体现，之后苏格拉底"助产术"的提出又深化了启发性教学，这些理论与实践都是启发性教学的体现。由此可见，启发性原则在教学中的重要地位。该原则要求教师保证学生的主体地位不动摇，为学生主动积极性地发挥提供有利条件。落实到个性化阅读教学中，就要求教师充分理解、钻研教材内容，善于创设问题情境，引导学生在情境中积极与文本、作者进行深度对话，培养学生的个性阅读习惯，培养他们独特的阅读经验。在创设问题情境时，要避免零散提问，要善于设计"主问题"。"主问题"由语文教育家余映潮提出，主要含义是用能够统筹全文的关键问题来牵引全文阅读的提问。余映潮教师认为设计的

"主问题"为了促进整个语文的阅读,应努力使学生能有更多的阅读和写作,使他们能在阅读中进行思想和对话。这些"主问题"设计要求与启发性教学原则不谋而合,由于课堂上一般性、无效性提问的减少,学生的阅读、写作、说和思考成为整个课堂的主体,学生学习的自主性、探究性大大增加,课堂氛围也变得生动活泼,有利于激发学生的个性化阅读体验。总而言之,教师在个性化阅读教学中进行启发性教学,要善于设计以"主问题"为主的问题情境,通过减少教师的大量讲解、无效性问题的提出来增加学生独立阅读与思考的空间,提高学生独特的感受、体验。

### 二、量力性原则

个性化阅读教学并非一味追求难度与特色,教师要根据学生的现实情况选择教学内容,安排教学进度,它们是在学生能力接受范围内的,但又需要学生通过努力才能获得的。维果斯基提出的"最近发展区"强调了学生发展的巨大潜能,启示教师进行教学要走在学生发展前面,在教师的指导下使学生的发展达到更高的水平。个性化阅读教学要求学生在教师的指导下,唤醒潜在的个性,促进潜在能力的发展。若教师选择的教学内容虽然丰富但过于浅显,是学生不需要努力就能完成的,学生在课堂上可能会不认真听讲,产生自以为是的心态,不利于学生的深入发展。若教师选择的教学内容虽然适合学生个性化解读,但难度过大,大部分学生经过认真思考也难以理解,则可能会挫伤他们学习的积极性,产生错误归因,认为努力不一定会有收获,从而影响他们的学习积极性,阻碍他们的积极发展。所以最合适的教学内容是学生能够接受的,但又需要经过努力才能掌握的内容。这样的教学不仅能够提高学生学习的积极性和专注力,还能促进学生在特定学习阶段的个性化发展。就文言文阅读教学来说,七年级的学生主要以朗读、理解文言知识为主，八年级的学生主要以自主翻译、掌握文言知识为主，九年级学生主要以了解更多文言文体裁、体会文言文表达的思想情感为主。每个年级的学生对文言文所要掌握的内容程度进行由浅入深、由易到难地学习，对教师来说就是一种特定阶段的个性化阅读教学方式。

### 三、理论联系实际原则

"理论与实践"的教学理念强调了学生的亲身体验，并要求教师通过指导学生与现实生活相联系，并将自身的经历与体会相结合，遇到相对陌生的文本教师应补充适当的写作背景和乡土教材。教师开展个性化阅读教学要注重在理论的基础上充分挖掘实际以促进学生的理解。文学作品来源于生活，许多人物和情节的描述都是基于现实生活而进行的，所以学生解读文本时不能脱离生活实际，在形成自己个性化解读的同时要符合现实生活。

如教师可以通过语言描述、图片展示、视频播放等形式对这些特色事物进行介绍，激起学生对作品、作者更深刻的情感共鸣。若教师忽视这些乡土知识的补充，学生对作品的理解可能会趋于平淡，忽略作者通过这些特色事物想要真正表达的内涵。教师仅仅停留在理论层面去教学，学生对作品很容易过目而忘，要形成个性化阅读体验更是不可能的事了。因此，教师进行个性化阅读教学时，要补充必要的乡土知识，在理论的基础上联系实际，以促进学生对文章的深度理解，从而形成个性化阅读感受。

### 四、因材施教原则

"因材施教"是指教师针对学生的个性特征,结合学生的实际学习状况,对其进行多种教学。孔子是早期提倡"因材施教"的教育者，他强调，教师要听学生的话，要观察学生的言行，要有针对性地进行教育。心理学上将性格分成黏液质、胆汁质、抑郁质、多血质。每种类型的学生都有不同的个性特点，但无好坏之分。教师对待学生时不应因自己的喜好对学生产生气质偏见，应针对学生的气质差异因材施教。在个性化阅读教学中，面对胆汁质的学生，教师要严格要求，培养其专心阅读的品质。面对多血质的学生，教师要经常提醒督促，培养其仔细阅读的品质与专一的学习态度。面对黏液质的学生，提问前要有让他们做出反应的足够时间，培养其活跃的阅读思维。面对抑郁质的学生，教师要有意识地利用他们的敏锐性，培养其敏锐的阅读感受能力。在个性化阅读教学中，教师提问的内容、对象应具有针对性。若教师给予一个提问的思考时间较长，黏液质的学生耐心谨慎，很大可能会认真思考此问题，教师可以多提问黏液质的学生。当前的课堂教学以大班上课为主，教师只有细心认真地去观察学生的一举一动，了解每个人的特点和实际情况，才能更好地做到因材施教。

**五、去同求异原则**

去同求异主要是指教师进行个性化阅读教学时，要鼓励学生勇于发表自己的看法。一个问题没有标准答案，只要是合理的观点教师都应给予肯定。以往的教师在语文教学时普遍存在一种现象：虽然提出了问题让学生各抒己见，最后让学生记住的仍是标准答案。学生也存在一种现象：虽然内心有其他合理的想法，但最终还是以教师的答案为标准。所以教师和学生都应该转变观念，答案可以参考，但绝不是标准的。教师对学生的阅读感受应合理点评，只要符合价值观的感受都应加以肯定，或许教师在学生的答案中能够发现很多不一样的阅读惊喜。学生应勇于表达自己的阅读感受，不必担心自己的观点与他人不同，也不必担心自己的想法是错误的，一千个读者心中有一千个哈姆雷特。

但教师们鼓励他们大胆地表达他们的观点，并非使他们变得与众不同，毫无根据地发表言论。教师对学生超出合理范围的观点与想法应加以正确引导，不宜过分批评打击，也不宜坐视不管，任其发展。有的学生为了显示自己的独特常常发表一些不着边际或与文本无关的言论，教师要及时扭转这些同学的不当观念，把他们引导到正确的方向上。总之，"求异"要在合理的范围内进行，杜绝毫无根据的想法观点。

综上，教师进行个性化阅读教学时，围绕着相应的原则开展教学活动，既能激发学生学习的主动性和积极性，唤醒潜在的个性，从而形成独特的阅读体验，表达独特的阅读感受，还能开拓教师的教学思路，促进教师的发展与提高。

### 六、主体性原则

在对学生主体的理解上，王富仁提出：第一，整个语文教学的过程，从教学计划到教材的编制，从教材的编制，到教师的教学，一切都要以"学"为核心，以最快的速度提升学生的人文素养、语言素养；第二，在语言学习的全过程中，学生是主体，而非被动的服从者。所以，在教学过程中，教师要充分了解学生是学习语言的主体。虽然目前中学的升学压力很大，教师们也有很多的教学任务，但是在教学的过程中，我们不能忽略了学生的主动性，也不能将他们当作是知识的载体。教师作为知识的传递者、组织者和指导者，而教师的指导应该是以学生为主，而在阅读教学中，教师要让学生有足够的时间去思考和思考，通过一系列的思考和探索，找到问题，然后组织大家进行交流。比如，在学习《故都的秋》的时候，可以引导学生自己收集有关作者的材料，从自己的阅读和思考中体会到故乡的秋色，然后通过文章的写作特点体会作者对故都秋的情感。高中的孩子们已经有了一定的阅读能力，所以他们可以在教师的指导下进行阅读。如果能充分发挥学生的主观能动性，对提高教学质量、促进学生发展都有很大的帮助。叶圣陶认为："学生的能动性会随着时间的推移而不断发展，从而在任何事物中都能找到问题，并在任何地方找到问题。"这种人，无论在哪个行业，都是最需要的。所以，在语文教学中，教师要以学生为中心，充分调动学生的主动性，使他们能够自觉、有兴趣地进行语言学习。

### 七、差异性原则

每一个学生都是独特的，无论是遗传、智力、兴趣、性格、家庭环境、知识经验、学习方式，都是不同的。教师要尊重不同的人，理解他们的性格特征。每个学生都有自己的特点，有自己的理想、兴趣和爱好，有自己的智力和性格，有自己的优点和缺点。他的潜能、发展趋势、语文能力、学习方法等，教师一定要清楚。要深入到每个学生身上，发掘他们的优点，发挥他们的长处，发挥他们的特长，因材施教，才能充分发挥他们的潜能。注意学生的不同，让他们有更多的机会来展示自己，并让他们说出自己的观点。比如，在教授《烛之武退秦师》的时候，可以问一个问题：如果你是烛之武，你会用什么样的文字来说服秦穆公？请谈谈你的观点。教师们也可以根据他们的答案来判断他们的水平。在评价学生的差异性时，要有一种正确的态度，在评价学生时，要多用一把尺来衡量，并根据不同的学生的具体情况，给予相应的鼓励和赞扬，使他们的个性得到更好的发展。

### 八、开放性原则

中华文化蕴藏了数千年的人文底蕴，源远流长，博大精深。因此，中学语文的综合性特征决定了中学语文的个性化阅读教学应该是开放式的。

开放的原则是：开放的教学内容，开放的教学方式。首先是语言学习的开放性，即突破学科的界线，将不同学科的知识融为一体，让教师和学生可以根据自己的需求扩展其内容，从而丰富其内容。开放的语言教学不仅可以开阔学生的视野，激发他们的学习兴趣，还可以使他们的知识与能力得到有效的转换，使他们的语言运用能力得到提高。其次是开放的教学方式，即"教有法，教不能有法"。中学语文个性化阅读教学应注重教学方法的多元化，根据教学目标、教学内容和学生的特征灵活地运用教学方法，通过多种教学手段来引起学生的有意识和无意识的关注，使语言教学不再枯燥。比如，在课堂上，教师可以灵活运用谈话、讨论、练习、演示、陶冶、读书指导等多种方式来实现。在采用开放式的教学方式的基础上，要充分考虑教材的性质、课程特点、学生年龄、知识水平、教师的经验和性格特点。

## 九、科学性原则

个性化阅读应遵循"多元有界"的基本原理，因此，在肯定师生文本解读过程中存在的主观差别的前提下，必须坚持文本解读的客观统一性，而不能脱离文本、随意篡改文本的价值取向。个性化阅读教学倡导对文本进行多样化的阐释，但是，这种多元化的解读存在着一定的局限性。个性化阅读倡导个性化、创造性、新奇的阅读方式，但这种阅读应以文本为依据，不得随意篡改。在语言教学中，存在着许多"脱离文本、逃逸文本、去文本、反文本"等现象。举例来说，朱自清《背影》一文中，父亲为了买橘子爬上站台，触犯了交通法规；读《六国论》，秦国灭亡六国，是一种历史上的进步；阅读《愚公移山》，就会想到愚公对生态环境造成的损害，这些"个性解读"，都是因为没有依据文本的历史状况而产生的，从而误读了教材的原意。所以，我们在解读文本的个性时，绝不能忽略其教育价值，而要紧紧抓住其创作意旨，以创造新的内涵。在解读课文时，要保证教材的科学性，避免出现错误、不足、过度解读、以偏概全、割裂原文的价值取向。只有保证学生对个体的理解正确、科学，才能使个性化的阅读教学真正实现其价值与意义。

### 十、多元化原则

个人阅读教学应注意文本的多样性，而文学本身又是一个多义的世界，学生的个人特点决定了其对文本的认识。高中阶段的学生思想比较活跃，对许多东西有自己的见解，特别是在阅读课文时，要敞开教学的思路，深入剖析，在掌握课文的同时，尊重学生的多种理解，而不能拘泥于条条框框。比如《祝福》里的"祥林嫂是谁杀的？"在这一问题上，教师可以进行头脑风暴，让学生自由表达自己的观点，这样，学生就可以从社会的性质、人们的知识和态度、祥林嫂的性格上，来分析祥林嫂的死亡原因。答案充分反映了学生对多种理解的能力。教师肯定了学生的学习动机，指导他们对问题的分析和理解。通过多种解释来提高学生的阅读能力，教师要为学生提供更多的阅读空间，为他们提供更多的阅读空间。

# 第二节 实现个性教育的基本条件

要实现个性教育，必须满足一定的条件。在教育的外在环境中，要使整个社会都对个性的尊重，培养优良的个性素质，注重个性教育的氛围，从而形成一种文化传统，这是保证个性教育实现的重要社会条件。从教育内在环境方面，要改变"应试教育"理念，普及个性教育理念，使教育决策者、教育管理者和教师普遍树立牢固的个性教育理念，以充分体现个性教育信念的教育方针和教育政策作导向，以科学考试、升学与就业为制约机制，建立主体间的合作关系，改革、优化教学、教育内容和形式，等等，是保证个性教育实现的基本条件。

## 一、树立坚定的个性教育理念

教育信念是人们所认同的教育思想、教育理念，是对某种教育理论、教育思想、教育理念的肯定与坚定。个性教育信念是一种科学的教育信仰，它是人对个性教育理念和理念的肯定和认可，是人对社会进步和幸福的必然需求。这是一个时代精神在教育中的折射，也是教育发展的必然趋势。

信仰对于人类的行为有着重要的作用，是人类行为的强大动力、手段和目标。对于国家来说，如果没有信仰，就会四分五裂；对于个体而言，如果没有信仰，就会丧失追求。教育是有目的、有系统地进行的，需要有周密的科学教育信仰来引导：引导教育决策者制定科学的教学方针和政策，引导教育管理者进行科学的管理，激发他们的工作热情，进行科学的教学。教育信仰是教育活动的灵魂，教育信仰是教育信仰的核心。不然，容易迷失方向，左右摇摆。教育工作者要树立正确的教育理念。否则，他就会像一台没有思维的巨大机械装置，工作经常是机械的、教条的，或者是盲目的。

确立个性教育理念，完全摒弃了"应试教育"的理念。"应试教育"作为我国当前教育的一个根本性顽疾，几乎已经形成了一种根深蒂固的思想。在这一理念的作用下，人们被迫或无意识地顺应、参与甚至是以"应试教育"为主导的教育活动，排斥科学的教育理念。这就是为什么"应试教育"的趋势在不断地被遏制，同时也阻碍了人们对个性教育的信心的建立。因此，要从改变"应试教育"的意识出发，成为确立个性教育理念的突破口。

树立个性教育理念的关键在于树立教育决策者、教育管理者、教育研究者和广大教师的个性教育理念。教育政策制定者是教育政策和教育体系的制定者和监督者。教育政策、教育体制是教育的导向和约束。个性教育能否真正实现，取决于他们的个性教育理念。日本通过立法确认了个性教育，并在国家教育政策中给予了特别的重视和具体的规定，使得个人教育能够被依法依循，具有明确的政策导向。在特定的权限内，教育行政人员是教育活动的指导者、领导者和组织者。只有具备坚强的个性教育信仰，才能在行政层面上确保实施个性教育。教育工作者是个性教育思想的创造者和传承者。拥有坚定的个性教育信仰的教育研究者，能够在个性教育中自主地选择和探究个性教育中的重大理论和实践问题，从而为教师的教学工作提供强有力的理论武器和实践指导。广大教师是处于教学工作的最前线，有着坚定的个性教育信仰的教师，他们会自觉地进行个性教育，面对种种不正确的思想倾向，坚持自己的立场，不随大流，坚持自己的教学风格。

建立个性教育信仰的方法有很多，其中理论和实践是两条重要的途径。教育理论的研究已经不仅仅局限于少数专家和学者，它已经成为教育决策者、教育管理者、科研工作者和教师的共同努力。教育决策、教育管理等实践活动都是贯穿于教育理论研究的全过程。只有通过科学的学习，我们才能对决策、管理、教学进行有效的教学和管理。个性教育是一种有益于人类发展、保障人类福祉的教育。实践是唯一的真理，只有实践才能证明真理。个性教育理论是否科学、准确、可行，还有待于更多的实践去验证。其实，个性教育理念是植根于生动的教学实践之中的。当前在中小学校进行的个性教育实验，不仅验证了个性教育的有效性，也增强了中小学教师的个性教育理念。所以，我们主张广泛的教育，应从自身管理、教学、教育的实际出发，积极地进行个性教育的实验研究。把个性教育理念转变为一种活生生的、个性的教育实践，是个性教育研究的归宿。

培养学生的个性教育理念，是教育界的一项重大任务。教育哲学是教育的世界观和方法，是研究和弘扬正确的教育理念，从而使人建立起正确的教育理念。信仰的形成，除受到别人的影响、自身的学习、学习、实践等因素的影响之外，还需要外部的馈赠与灌输。因此，对信仰的学习，对信仰的传播，是哲学的本质，也是哲学的职责和任务。因此，现代教育理念应当为促进个性教育信仰的发展做出贡献。

**二、探索科学的约束机制**

本文认为，考试、升学、雇佣制度是影响学生个性发展的主要因素。教育的内容、形式、方法、途径等都会对受教育者的个性发展产生重要的影响。因此，构建科学的考试制度、升学制度和用人机制，确保学生的个性教育得以实现，而改变考试理念、合理的教育分流、反对学历至上是实施个性教育的关键。

（一）考试理念的改变

考试作为一项重要的教育活动，在社会各个阶层中都有广泛的应用。

个性教育并不否认测试，但是却反对以测试为标准，"一考就是终生"的测试。"应试教育"中的测验是破坏性的，表现在以下几个方面：一是将受教育者变成了一台测试"机器"。"应试教育"的重点是严格的考试。这样的考试将学校变成了一个"工厂"，将学生看作是"机器"。在这种情况下，学生的主体需要、兴趣爱好、个性差异、情感沟通和学生的身体健康都不能得到充分的体现。忽视了社会环境和实际需求，仅仅是机械地让学生死记硬背，一遍遍的机械重复练习，以便在测验中取得高分。其结果是，学生的主动性、创造力、身体素质、个性潜力被抑制、智能、道德发展受限，成为"机器人"。第二，彻底地否认了个体的不同。"应试教育"考试过于追求标准化。标准化测试在形式、内容、答案和评分上都是统一的，但受教育者的性格、特别是创造力的差异很大，社会对人才的需求也呈现出多层次的需求。"应试教育"考试不仅不能满足学生的发展需求，也不能满足社会多样化的人才需求，在某种程度上抑制了学生的发展。第三，教育差距进一步扩大。在分数面前，所有人都是一视同仁。由于残酷的考试造成了激烈的竞争，加剧了学生之间的分化，优秀者的原则被异化成了生存竞争的规则，既造成了"差生"，也妨碍了高能力者的发展。让人担心的是，这种"引导"的力量往往会使整个教育走向错误。

要改变当前教育中只重成绩的考试状况，必须转变考试理念，即建立"以人为本"的考试观。人性的考验观具有理性和人性的特点；它不仅能满足个人的需要，而且还能为全人类的整体利益服务；不仅推动了目前的学习，也关注了长期的发展。具体而言，其内容包括：首先，应适应以受教育者良好个性的全面、协调发展为起点与终点。考试只是一种工具，并非最终目的，它的功能在于促进每位学生的良好个性发展。以学生为本，以培养学生的良好个性发展为核心，设计测试的内容与形式，对测试成绩进行科学的评估。拒绝以知识为核心，以成绩为目的，以题海战术，死记硬背，以成绩为唯一评判标准，以排名作为激励学生的手段。也就是说，要引导学生从表面的功利主义的学习动力向内在的、深层的学习动力转化，从对成绩的追逐到对个体的全面和自由的发展。第二点，要把教育公平与爱的教育相结合。教育面前人人平等，不仅体现在所有人都享有受教育的平等权利，还体现在不论智力、能力、成绩、出身、性格等方面都是完全平等的，应该得到正式和实质上的同等对待和尊重。因此，教师要面对学生的不同特点，面对学生的不同性格所造成的学习差异，从而达到发现和利用学生的优势，激发学生的积极性和主动性，从而建立起自信心。教育之爱表现在考试中，即教师通过考试来了解、激励、帮助学生学习，并对学生的心理和行为产生的问题表示深切的同情和理解，从而帮助和引导学生。特别是对于那些成绩不佳的同学，要尽可能地充分肯定他们的成就和专长，即使是很小的成就，也要让他们感受到胜利的喜悦，从而提高他们的自信。第三，要充分发挥学生的主体性，充分发挥学生的主体性。科学测验是一种测试个体的社会主体性发展水平和主观能动性的一种方式。考核的内容不仅限于知识和技巧，而且要体现学生的创新能力和素质；考试形式要灵活多变，将笔试与口试、开卷与闭卷考试、文字与操作考试、基本知识技能考试与专业考试相结合；考核评估应注重学生的进步、优点和特长，培养学生的自信心，让学生觉得自己是学生的主宰。简言之，人性的考验观是一种充满善意的考验观，提倡将追求真、善、美与知、情、意的发展相结合，从而使学生的个性得到全面、协调地发展。

### （二）合理的教育分流

#### 1. 教育分流的合理性基础

教育分流是指按照不同的标准、不同的需求，对学生进行分流教育的过程。它是一种引导机制，是影响个性教育是否能够真正实现的重要因素。

在个性教育的视角下，合理的教育分流就是按照受教育者的个性特征和社会分工的需要，进行符合其自身需求与社会需求的分化教育。也就是说，要让受教育者从不同的起点、兴趣和需要，进入不同的教育层次和类型，从而实现个体的最佳发展，并促进受教育者的个性特征和产业特征的协调，从而实现个体和社会的有机统一。教育分流的内部依据是受教育者的个人特征。人的性格和职业需求是有内在关系的。美国职业教育中心在 1967 年的一项调查中，确认了 103 个人的情绪特征和 814 个工作岗位中的 622 个需求有关。个体差异的客观存在，决定了教育要因材施教，要根据学生的性格特征进行多元化的教育，才能使学生的个性得到最好的发展。社会分工的需求是教育分流的外部基础。社会分工是人类社会发展到一定程度后的必然结果。三次大的社会分工推动了生产力的发展，从而产生了交换、私有制和阶级社会，从而产生了智力和体力劳动。但是，由于政治、经济等方面的因素，各个阶层之间的分工非常严格，使得教育的分流非常有限。现代社会的分工日益复杂、精细，不同行业、同一行业内部、同一工种内部的分工日益细化，专业化程度也日益提高，对专业知识、技能的需求也日益提高，对教育分流的需求也日益迫切。为了满足不同产业对人才的多层次、多规格的需求，教育要适时地进行教育分流。然而，当前我国的教育分流机制还不够健全，也存在着不合理的现象。它的不合理性体现在以考试成绩为衡量教育分流的基础上，甚至是唯一的根据。这不仅会使教育竞争更加激烈，而且对大部分学生的个性和专长都有很大的影响。这一现象已经受到了社会特别是教育界的关注。

2. 合理的教育分流原则

合理的教育分流应当遵循多向性原则、适切性原则和自主原则。

多向性原则强调了教育的多元化、多渠道化，使受教育者能够在"多"中选择"需"、在"多"中选择"优"，使教育与社会需求的双向交流、教育和个人需求的双向选择，使个人能够找到适合个人特点的工作。比如，要按照社会需求，结合学生的个性需求，设立具有特色的学校；教育分流的多向性原则，就是要从整体上把握社会需求，对受教育者的个性发展进行科学的研究。

适用性是指根据人才的层次、结构、普通教育的相对完整和人才成长的关键时期、儿童的性格特点等，选择合适的分流时机，并在适当的时候进行分化教育。比如，改革开放以后，农村工业结构发生了很大的改变，教育必须面向全社会的专业化、资源配置的市场化、强化教育的定向培训，以实现对社会人才的配置和流动的有效调节。中小学处于基础教育的初级阶段，这一时期的教育重点是全面的教育。所以，中小学分流教育不能太早，总体上应该逐步扩大到中学阶段。但对于个别的特殊儿童，则要实行个性化的教育，避免一概而论。例如，对于那些有特别天赋的孩子，要及早进行差别化的教育，并尽早地进行针对性的培养，以免耽误孩子的一些重要的发展阶段，从而使其个人潜力被埋葬。适用性原则是根据学生的个性发展特点，根据其发展规律，对其进行具体的分析和具体的教育。

自主原则是指受教育者在自己的能力、兴趣、需要等个性特征的基础上，自主地选择自己的教育方向和专业方向。社会应尽量为每一位受教育者提供平等的升学和就业机会，使他们能够根据自身的竞争能力、身心发展水平和个性特点，选择自己的发展道路。教育要给学生创造一个平等的学习环境，让他们有足够的自由和选择的空间。当前，我国的生产力水平还比较低，市场经济还处于发展的初级阶段，制度还不健全，城乡之间、地区之间、学校之间的竞争比较严重。因此，必须努力改善教育环境，特别是在广大农村地区，缩小义务教育和学校的差距，并对弱势群体的教育进行补偿。在实行职业教育和普通教育分轨制的前提下，应加速两者之间的交流，实现与高等教育的衔接；允许学生进行多种选择，为被分流的学生提供更好地继续深造的机会,形成上（大学）下（基础教育）、左（普教）右（职教）沟通的教育分流体系。

3. 摒弃"学历至上"的观念

在一定程度上，现代中国是一个以教育为尊的社会，人们对一个人的能力进行评估，往往不以其真实的能力为标准，而以其教育程度和考试成绩为标准。教育和考试的分数，是衡量一个人能力的标准，也是一个人在社会上的地位，甚至可以影响到他的人生。社会上大部分的行业都是以学历为导向的，重点是名校，并且根据教育程度来确定不同的薪酬和薪酬。这一现象不但在今天的教育体系中广泛存在，也在大部分人的思想中广泛存在。这就导致了人们必须参加激烈的考试，以求取得学位，从而形成"应试教育"，甚至不惜一切代价，只为取得学位（其实只是一种证书），让教育成为一种工具和渠道。我们要坚决反对，要树立科学的用人观念。

第一,要克服"学历"的优越性,树立"科学用人"观念,首先要构建"以21 世纪为中心"的终身教育制度。终身教育是现代和今后教育发展的必然趋势，它贯穿于整个生命和整个社会，体现着对人的尊重。这种教育系统可以保证在不同的人生阶段都有不同的学习机会。让学生在进入社会后，能够按照自己的需要、兴趣和能力，进行学习。要实现这一目标，就必须建设各种形式的中等和高等教育院校，并实行面向所有阶层人士的入学制度（包括轮训制度、回归教育制度）；各级各类学校、各类专业培训机构要紧密合作、相互联络；对每一阶段的授予资格制度、企业内部教育训练方式、文化中心等进行了全面的终身教育系统的研究。第二，充分利用学生的主观能动性进行个性化的实践。从社会学角度来看，学校是一个小社会，是一个大社会的缩影，它反映了一个大的社会现象。"应试教育"与"考试竞争"在学校中体现了社会的"学历至上"。学校应努力改变以试卷成绩作为衡量学生个性潜力的唯一指标，而以考试成绩为评估指标的评估方式。在德、智、体、美、劳等多个层面上对学生进行全面的评估。应从加强学校教育、选择教材、开展针对性的职业教育、加强就业辅导等方面进行探索。第三，在招聘新员工时，应注重对员工的学历、体质、工作能力、创意等进行客观、全面、公正的评价，例如日本很多公司在招聘新员工时，注重考察应聘者的干劲、责任感、人事关系、个人魅力等。同时，纠正所有不公平的招聘方式，在雇佣后，按照其实际工作能力、表现和晋升制度，实现就业机会平等和晋升。

### 三、合作主体之间建立合作关系

教育主体之间的协作关系，是指在教育领域内，个体之间的协作和群体之间的协作。这是个性教育的理想，也是实现个性教育的必要前提。

### （一）教育个体与主体之间的协作

人与人之间的关系，包括师生关系、学生关系和家长关系。这种关系本质上是一种人际关系，它直接影响着受教育者的良好个性的形成。

1. 教师和学生的协作

师生关系包括：第一，师生在法律、政治、个性上都是完全平等的，没有高低之分，享有同等的受教育权和义务。第二，教师和学生都是以自己的主体为主体，在教学中相互结合、激发、补充和发展，最终使双方的个性内涵更加丰富，并形成优良的个性素质。第三，教师与学生的协作方式是民主、交流、协作和协商。个性教育的进程是一个人性的社会主义进程，它孕育、发展、扩大民主精神。所以，教什么，学什么，怎样学，应该在师生间进行民主的沟通与讨论中达成一致。第四，互相尊重，互相爱护。有学者认为，"爱"是人类所有精神活动的基础，是人类情感活动的中心，是价值王国的缩影，是人的理想个性的实质，也是人的创造力的体现。

作者认为，教师与学生的合作关系应当是主体与主体、主人与主人、朋友与朋友的关系。国内也有一些学者提出，"教师是教育的实际主体，而学生是实际的对象，这种关系是比较明确的。"教育活动的对象是受教育者，是教育的对象。在教育活动中，受教育者的主体是被改造的，是被发展的。师生主体性关系是指在教学中以教师为对象、以学生为主体的教学。近几年来，国内学术界对教师与学生的关系有了新的认识。这种观念是：在教学活动中，学生永远是主体，而教师永远是客体。

本文认为，主仆关系、主客关系都不利于培养受教育者的主仆关系和主客关系，主客关系完全否定了学生的主体性，抑制了他们的主动性，扼杀了他们的创造性，从而使他们的个性从根源上被摧毁。教师和教师之间的平等协作关系，不仅有利于学生主体的发展，而且还能促进学生的良好个性的养成。

2. 学生和学生的协作

随着学生年龄的增加，他们越来越注重自己在团体中的地位，这种关系已经成为影响学生个性、特别是自我意识的一个重要因素。独特之处在于其基于个人的情感、个性、兴趣、爱与恨，并以各种方式呈现。例如，一些同学一起参与班级工作，并完成了一些社会工作，他们之间的职业关系就自然而然地建立起来了；有的同学兴趣爱好相同，"情投意合"，结为知己；有的学生彼此学习，形成了一个共同的学习伙伴；另一方面，也有一些同学由于互相袒护、宽恕对方的过错而形成了一种狭窄的私人关系，或者相互讽刺、挖苦，从而构成了相互的敌对关系；有的同学彼此疏远，关系冷漠，有的同学之间形成了欺凌和被欺凌的关系。这种关系形成了一种潜移默化的文化，这种文化对学生的个性形成有一定的影响，比如一个人的性格比较内向，在同学中的地位比较低，被一些人所排斥，从而导致他的性格变得孤僻、自卑，严重地影响着他的学习和生活。反之，在良好的环境中，内向的人不仅会在某种程度上改变他们的性格，而且会培养他们合作、自信的个性。所以，在个性教育中，建立有利于培养学生良好个性的师生关系是十分必要的。

促进受教育者良好个性的生存性是平等、友爱的协作关系。所有的学生，不论出身、家庭、社会地位、能力、学习成绩，都是教育的主体和主人，他们在个性与教育上的地位是完全平等的。教师要一视同仁地对待每一个学生，给予他们同样的教育关爱；在学生中，没有高低，没有地位。了解、关怀、互助，为营造和谐愉快的教育氛围奠定了坚实的基础，也为培养学生的良好个性素质提供了保障。这种互相理解、关心和帮助的学生之间的关系，不能以个人的利益为依据，也不能被限制在一个封闭的"小集团"中，而是要以互相尊重和容忍对方的个性为基础，以真诚、无私和奉献的友爱为纽带，以互相帮助、共同提高。

3. 家长和学生的合作

家长与孩子之间的关系，是建立在深厚感情和亲情基础上的一种特殊的人际关系，它是影响学生个性形成的最深层、最持久的因素。苏联学者B. J. 列夫科维奇曾说："教育的潜能是由家长和孩子之间的关系决定的。"他从家长与子女的互动中发现，家长与子女的互动是影响学生个性的形成，以及影响学生成长潜能的重要因素。家长和子女间的敌意、不信任、冷淡，父母对子女的心理世界的漠视，或者家长过分溺爱子女、降低对子女的期望、不挑剔，非但不指出他们的缺点，反而夸奖他们不具备的美德。我国学者把父母与子女之间的这两种关系称为"父母制"和"溺爱"。在前者中，家长对子女采取命令式的沟通方式，会造成子女受委屈、强烈的不满，影响其正常的生存能力，压抑其情感。在第二种情形中，家长对子女采取百依百顺的态度，会导致子女养成一系列的不良性格，如挑衅、多疑、固执、心胸狭隘、拒绝批评、过度依赖等。那么，家长和孩子之间的关系应该怎样，才能促进他们的良好个性的形成？在这一点上，理论上的观点基本达成了共识：创造家长和孩子之间的友好关系，即家长和孩子的协作。

家长和孩子之间的协作内容非常丰富：第一，家长和孩子之间要有足够的了解。家长要了解孩子的需要、兴趣、爱好、情绪。学生还要学习如何理解父母的情感、职业等。应当说，家长和子女之间的互相理解是他们正确理解对方性格特征的一个重要先决条件。要达到这一目的，就需要有一种相互理解的能力，并且能够从对方行为的外在特点中，看出对方的真实想法，也就是他们的行为、观点和情绪的回应。第二，家长和子女要相互尊重、理解和信任。它是父母与孩子之间的一座纽带，是个性教育的先决条件和依据。尊重、理解、信任是个体与个体间相互影响的一个过程。这样的关系能让孩子们心情愉快，充满活力，帮助他们建立起自尊，培养他们最大程度的独立和友好的态度。第三，家长要严格地要求自己的子女，并给予他们应有的批评。家长的关爱，既体现在对子女的关怀和关怀上，也体现在对子女严肃的批评上。这种家长之爱可以对学生个性的塑造起到积极的作用，有助于学生正确认识"自我"的价值，了解自身的长处和短处，并做出客观的自我评估。

### （二）群体成员之间的协作

学校主体关系是学校与学校、家庭和社会之间的关系。它们是受教育者个性形成的客观条件和土壤，是一个特定的社会关系网络，它们相互制约、相互促进。所以，应该在两者之间建立起一种协作关系。反之，缺乏协作，或教育目标冲突，都会阻碍或扼杀受教育者良好个性的形成，或削弱、否定某一教育对象的教育效果。

#### 1. 各学校之间的协作

学校主体之间的协作主要有以下几个方面：一是在各级各类学校主体之间建立平等的关系；学校是所有等级学校的总称，按等级划分，有初等、中等和大学；从类型上看，主要有普通学校和职业学校、城市学校和农村学校、公立学校和民办学校。就人的素质而言，不同层次、不同类型的学校，其培养目的和特征也不同，但没有本质上的区别，都是专门的社会组织，以塑造受教育者的个性。在教育群体中，他们是平等的主体。中等学校主体之间的生源差异，不仅导致了学生与家长之间的竞争，也加剧了社会上的不正之风，严重地影响了大部分学生的良好个性。所以，我们主张同一等级的同类学校的主体之间应该是平等的，提倡在同样的条件下，用最少的人力、物力、财力来获得最大的教育效益。第二，不同层次的学校在个性教育方面要保持连续性和连贯性。在持续的学校个性教育中，受教育者的优良个性可以得到培养、强化、提升和丰富，但在间断、冲突的学校教育中却会受阻、消退、丢失，或滋生不良的个性。所以，在各级各类学校中，个性化教育的连贯性与连续性是实现个性教育成功的保障。统一性是指不同层次的不同类型的学校，在实施个性化教育的过程中，采取了协调一致的个性教育策略，从而使各个层面的教育能够最大程度地促进受教育者的良好个性形成。连续性是指各级教育在目标、内容、形式上形成层次分明、互相联系的体系，以确保在持续的教育过程中，不断地培养、强化、提升和丰富学生的个性。第三，要在不同的学校主体之间建立沟通和协作。个性教育是一种开放性的教育，各级各类学校要不断地与外部世界进行交流与合作，才能使其生机勃勃，达到良好的教学效果。在可能的情况下，各个学校的主体应该广泛地进行个人教育的交流和协作，反对封闭的"闭关自守""本位主义"。

2. 学校与家庭、社会主体之间的协作

学校、家庭和社会既是个性教育的基础，又是个性教育的主体。在教育体系的网络中，学校是个性教育的主要通道，它对学生的个性形成起着主导作用，家庭和社会是个性教育的两翼，在学校教育中起着辅助、补充和扩展的作用。三者之间必须紧密合作、协调一致，才能确保个性教育的真正落实。

学校作为一个有目的、有系统、有计划、有组织地培育人的社会活动场所，能够按照受教育者的真实个性特征，指导和激励其走向社会的需求；

它既可以以一定的方式组织和调整有益于受教育者良好个性形成的生活与活动，又可以按照理想的教育理念，为受教育者营造最佳的个性环境。当然，学校教育在培养学生个性的过程中起到了重要的作用，这就是学校教育的力量和影响力，它可以协调各方的力量，并使它们相互影响，并朝着一个统一的方向发展。学校对受教育者个性的塑造也不全是正面的。这种个性的形成，一方面是对学生的个性发展的积极作用；另一方面，也是对学生良好个性的压制。比如，专制的教育会使学生的性格变得紧张，而放纵的教育则会使学生的性格变得散漫，只有以学生为本的教育，才能使学生的情绪稳定、积极、友好。

家庭是个体形成的最初的微观社会，同时也是个体形成的首要条件，也是一个相对持续的环境。苏联的心理学家谢苗诺夫指出："在整个教育系统中，家庭的作用是特殊的，因为一个人的成长，就是在他的家族中建立起来的。""个人在家庭环境中形成的优势和劣势，会影响到以后学校和生产集体的教育功能。任何在儿童时期形成的性格，都会在他的整个生活中表现出来。而家庭不但对自己进行了教育，而且对未来的社会教育土壤也进行了培育，或者反过来，使土壤变得贫瘠。"家庭教育要与学校、社会紧密配合，以实现个体教育的理想。这种合作并没有抹杀家庭教育的特殊性，它会促使父母不断地重复学校的功能，例如教授有系统化的文化课和多种技能、辅导学习等；相反，要通过生活、交往和家庭劳动，利用父母的良好个性培养孩子的良好个性特长，养成孩子的良好生活习惯和生活能力；培养学生良好的个性品质，例如：友善、诚实、朴素、节俭、富有同情心、负责任，等等。

社会是个人成长的大环境，社会教育是一种有目的、有组织、有计划的教育活动。其最突出的特征是实践能力强、自学能力强、自我管理能力强、培养学生的个性特长。社会教育不能与家庭教育、学校教育相抵触，必须紧密合作，构建一个多渠道、多层次、多形式的校园教育活动网络，使受教育者的活力得到有效的引导，从而有效地降低和预防不良的社会因素的侵蚀。

总之，学校、家庭和社会既是各自的教育主体，也是教育的整体。所以，他们必须在教学的方向上、在时空上、在时间上、在空间上广泛合作。

# 第三节　优化课程

课程是实现高中学生个性教育目的以及现代个性教育主题的重要途径，是培养学生良好个性的必要前提，所以，个性教育应注重课程优化。

## 一、优化课程的原则

"课程"是一种在教学理论和实务中广泛应用但又难以统一的观念。所谓的"课程"，就是"以教育的目的和具体的教育目标为基础的文化元素"，即有组织的、有计划的、有目标的学校文化。课程优化是为了让学生能够更好地适应学生的个性发展和形成。在课程设置、内容、实施等方面，都要按照尊重学生的个性特点来进行：第一，重视个人的需要、兴趣和特长的培养；反映时代特点、民族特点、地域特点、学校特点。第二，多元化原则：多元化和个人化是解决问题的两个层面。多元化是在数量上确保个性化的实现，而个性化是在品质上推动多元化、健康的发展。信息社会、高科技社会的特征是多元化，是社会发展的必然趋势。这既是人类个体需求的多元化，也是现实社会需求多元化的必然要求。为此，在教学过程中，教师的个性教育应该追求多元化、丰富性，以适应学生的多样化需求。第三条是灵活的原则：个性教育是一种灵活的教学方式，反对一成不变、死板。因此，学校在课程设置、内容和实施上要有很大的灵活性，要给地方、学校和师生充分的活动空间、自由度和选择空间。当然，灵活并不意味着没有统一。而"统一性"则是"基本标准"的具体体现。第四，整体性原则：个性教育是一个体系，它的作用取决于各个方面的协作和协作。所以，在课程设置、课程内容和实施上，必须是一个有机的系统，三者之间能够相互补充、贯通、融合、相辅相成。

**二、优化课程结构**

从课程优化的角度可以看出，促进学生良好个性形成的课程结构应该是多元的、相互补充的。课程类型可按教学内容分为：体育课程、德育课程、智育课程、美育课程、劳动课程；根据课程的功能特征，可分为显性课程和隐性课程：显性课程是指学校教学计划、教学大纲和课程安排中的文化成分，而隐性课程则是指学校范围内的各种文化元素的总称，是学校的主要课程之外的学校文化元素的总称；按课程要求的主体来看，有国家课程、地方课程和个人课程：地方课程是国家指定的课程，地方课程是地方学校根据地方需要和特性而制定的特定课程，而个人课程是针对学生个人的需要、兴趣和自愿而设计的课程；按课程的编排方法，可以将课程分为学科课程、核心课程和活动课程：学科课程是按学科分类的课程，核心课程是以人的基本活动为主题的课程；根据学习者主体选择课程的程度，可以分为必修课和选修课，选修课是指选修课的必修课，而选修课则是选修课。当前，我国中小学的课程结构过于单一、死板，严重影响了学生的良好个性发展。各地区、各学校应根据自身特点，建立多元学科并存、相互补充的体系。作者认为，这种课程体系的构成应包含如下几个方面：

第一，注重"五育"。"五育"是指体育、德育、智育、劳动教育和审美教育。体育是培养学生健康、提高身体素质、提高运动能力、养成良好的卫生保健习惯的一种教育。健全的体魄，是塑造良好个性的根本；而要实现良好的个性价值，就必须有一个健全的身体来保障。在个性结构中，思想道德是一种具有明显的社会性的要素，它是一种能够照耀人的精神力量，影响着受教育者的良好个性的形成。智育是指教育工作者用科学知识和技能来武装学生，培养他们的智能。一个人的良好个性的形成，需要丰富的知识技能和发展智能，同时也是一个人的性格特征。一个人的知识、技能、智力的高低，不仅是个人的性格特点，而且还会对其性格、行为产生一定的影响，在一定程度上，还会影响到其职业取向和个性的社会价值。劳动教育是促进受教育者良好个性的有效途径，它的特别作用在于：加强个性素质、发展智力、发展灵活性、培养个性意志、培育个性品德。美育是对学生进行正确的审美观、感知美、欣赏美、创造美的能力的教育。这是一种培养学生审美个性的有效方法。"五育"是个性教育的核心内容。个性教育既要发展受教育者的一项或多项个性特质，又要在所有个性素质之间密切联系和互动中，全面发展其个性素质。人的个性各方面都是相互依存、相互渗透、相互联系、缺一不可的整体。苏霍姆林斯基指出："我们所受教育的人，应该有高尚的品德、丰富的精神世界和健康的发展。教育家的能力与技能，就是要时刻清楚地掌握这种和谐发展的本质。不是机械地积累了一切优秀的特性和素质，而是他们的融合体。"因此，"五育"课程并重，协调互补，有利于学生的全面发展。

　　结合中国目前的中小学教育状况，"五育"课程的重点在于加强德育、体育、美育，特别是劳动，以提高智力素质为重点。要实现智育的最佳化，必须从"唯智育"和"智育第一"两个方面入手。在中国封建社会，"唯智育"或者"智育第一"理论体现了"万般皆下品，唯有读书高""读书做官"。在近代西方，其主要特征是："唯理性"与"科学"的教育在现代中国，更多地体现为"对升学率的片面追求""应试教育"的倾向。这些"唯智育"理论在本质上是将教育等同于智育，将智育推到了最高的位置，这与个性教育是背道而驰的。只有打破"唯智育"理论，才能真正地进行个性教育。其次，要把"智育"的内涵发扬光大。"智育要在对知识的掌握中进行，而不能单纯地将其理解为知识的累积。智育是一个非常复杂的过程，它涉及形成世界观、形成思想的方向，与个人劳动、社会积极性密切相关，而社会的个性积极性则使学校的教学、教育工作同社会生活相协调。"很明显，智育绝非单纯的知识传授，而是包含了个性教育的诸多重要层面：道德、审美、情感、智慧等等。所谓"聪明"是指一种思维活动，它包括了智力，而且比智力更高。智育的根本目标在于培养和启发他们的聪明才智。无智者为愚。"傻瓜无论接受了什么教育，对社会都是有害的。傻瓜本身是不会快乐的，反而会伤害他人。一个人在学校里，或许会有一些东西没有学会，但是他一定是一个很聪明的人。"当然，单纯的智力还远远不够，"智力应该使人享有文化和美学的快乐。"因此，真正的智力教育应该使人了解整个生命的复杂与丰富。"假如智力仅仅是为了做一些狭隘的工作，那人生就会变得枯燥无味了。"

　　加强德育、体育、美育，特别是加强劳动教育，是中国当前的一项重要任务。一味地追求升学率、"应试教育"把学校异化为只教授书本知识和考试的专业组织，把教师和学生逼成了书本、知识、考试、升学和考试的"奴隶"。相反，德育、体育、美育被考试所挤压或占据，劳动教育被废止，导致了当代青少年的很多不良性格，如独立性差、创造力低、体质差、厌恶劳动、缺乏同情心、缺乏责任心等。各级各类学校要充分认识到德育、体育、美育、特别是劳动教育在个性教育中的作用，并赋予他们应有的地位。

第二，显性的课程和隐性的课程相辅相成。显性课程和隐性课程在培养大学生良好个性方面起着积极的作用。但是，它的存在形式、影响方式以及影响受教育者的侧重点也不尽相同。突出的课程以主题的形式出现，以直接、外在、明确的方式，以学生的自觉的特殊的心理反应机制来影响学生，其核心是培养和加强学生的理性。而默会课程以非学科的形式出现，如校园环境、制度文化、人际关系等，这些非学科的内容涵盖了校园生活的方方面面，并渗透到校园生活的各个层面，并以不明确、间接或内隐的形式，以非特定的、无意识的、非特定的心理反应机制对学生产生影响。它的主要作用是培养学生的非理性。个性的全面协调发展是个体中理性与非理性的协调发展。个性教育的课程结构应该是"显性"和"隐性"两大类。从当前中国中小学的课程设置情况看，应加强隐性课程，特别是在校风、教风、学风、人际关系和校园环境等方面。

第三，要兼顾国家课程、地方课程和个别课程。人的个性是由类、社会、个体三种属性组成的"特质群"。从文化学的观点来看，是类文化、民族文化、时代文化、地域文化和个体特征的综合。国家课程是类特征和社会特征的体现，是类文化、民族文化、时代文化的精华，是人类、时代、民族、国家发展的统一、普遍的要求。地方课程是当地和学校的特殊文化、特殊需求和特点的体现，弥补了地方和学校的特殊性。个人课程是满足学生个人的需要、兴趣、特长和自愿的，是充分发挥学生的个人潜力和个人特长的重要保障。可以看出，国家课程、地方课程、个体课程都有各自的特色和作用，无法相互取代，地方课程与个体课程容易被忽略。所以，加强国内的本土化课程和个性化课程的研究和建设就显得尤为紧迫。

第四，学科课程、活动课程与课程之间的相互补充。学科课程是最早出现的一种课程形式，它的基本特征是：在课程内容方面，按学科分类，采用一定的教学大纲和教材；在教学组织方式上，采用课堂授课；在教学中，必须严格遵守一定的教学流程。经过几百年的教学实践，其优势是：首先，依据人们对自然、社会、思维运动的长期认识，将其分类，再根据事物的发生发展过程，以及受教育者的年龄、心理发展程度等因素，由浅入深，由简到繁，由具体到抽象的顺序，强调了知识技能的基础性、系统性。但其内容相互分离、注重书本知识、间接体验、忽略现实与直接体验、难以兼顾个体差异。活动课程有别于专业课程，它的目的在于培养学生的兴趣爱好和个性，培养学生的独立探究精神，获取直接的体验，增强学生的动手能力。其优势在于：具有较强的实用性，能促进学生的主动性的发展；综合素质好，有利于学生综合运用各种学科的知识，增强学生的综合素质；尊重学生的个性，促进其个性的发展；活动的方式、形式、方法应因地制宜，因时制宜。然而，它很难向学生传授有系统的文化科学知识。核心课程是按照孩子的兴趣和需要来安排的，但是，这并不是单纯的以孩子的需要为基础的，而是以人的基本活动、社会需要为依据，更注重教师的引导。在把孩子的需求和社会需求有机结合的同时，却不利于系统的科学知识的传授。因此，要想使学生的全面、协调地发展，就必须要有这三种课程的相互补充。针对现代个性教育的主题和我国目前的课程设置状况，必须强化活动课程与核心课程的建设。

第五，必修课和选修课的比例要合理。从本质上讲，必修课有利于培养学生的共同个性特征，但由于其整体性，使得教学很难兼顾到学生的性格特点。选修课是必修课的一个重要组成部分，它赋予了学生自主选择的权利，让他们能够按照自己的需要和兴趣来选择最符合自己的性格的课程。选修课和必修课的结合，使得选修课更加灵活，有利于培养学生的良好个性。然而，从整体上看，中国现行的课程设置为"必修课"，一些学校，特别是一些中小学校，甚至连选修课都没有。这违背了教育的初衷，我国现代课程改革应该在增加选修课的比重、拓宽选修课的种类、选修课的数量等方面进行。

从这几点可以看出，个性教育的课程体系是一个多元化、灵活性、动态开放的体系，是对单一课程结构的超越。

# 第四节 丰富教育活动形式

教学活动是指如何组织教育活动，如何对教学时间与空间进行有效的管理与使用。个性教育要以某种教育活动的方式进行。那么，什么样的教育活动才能使受教育者的个性养成与个性教育相一致？是个人或团体？是课堂外的还是课堂上的？是固定的、单一的还是灵活多变的？本文认为，个性教育活动的形式应该是多样的、灵活的，是多种形式的相互影响、相互协调、相互促进、相互补充的系统性组成。

## 一、充分利用集体教育活动培养学生的个性的优势

### （一）集体是实施个性教育的主体

集体就是一个有组织的、有目标的个体的集合体，或者说是一个社会团体。马克思相信，个体自由发展的必要条件是在集体中得到的。克鲁普斯卡雅指出，在个性发展的复杂性中，学校集体扮演了一个非常关键的角色。她说："我们要使自己的子女成为全面、身心健康的个体，但不能成为个体，而要成为集体主义者。群体不会淹没学生的个性，却会对教育的品质和内涵产生影响。马卡连柯通过理论和实践证明了在有组织的团体中养成良好个性的作用。单纯地做一个好人还不够。人们一定要对社会主义社会的利益极为关注，而且要觉得自己正在为人们的福祉而奋斗。"马克思曾说过："把快乐带给最多人的人，就应该把他们称为最快乐的人。"这种对快乐的认识和感觉，就是共产主义所具有的社会目的性，它是当代人的社会目的性的最重要品质，而这种个性品质只有在良好的集体中才能形成。集体是形成良好个性的重要方式和基础，它对个性形成具有支配地位，例如：个人对社会、对自己的各种积极正确的态度，保证在群体意识的范围内培养影响每一个个体意识的集体思想和信念，保障个性社会道德经验的积累，使个人在集体里通过相互交往，逐渐形成对世界、他人、社会、自己的积极正确的态度，为个人主体性的发展创造条件并提供施展的空间，等等。总之，有组织的群体是培养青少年良好个性的正确途径，它不仅仅是影响其个性的外在条件，更是其主要的教育主体。

### （二）营造有利于学生良好个性发展的集体教育活动条件

群体的形成也就是个性的成长。个体不能离开集体而成长，群体也不能与个体分离。就像马卡连柯说过的："我们面对的总是一个人和一群人。"

这是教育的目标，也是教育的工具。因此，要使集体教育活动对个体的支配地位起到最大的作用，也就是对受教育者的优良个性素质的形成。这一过程包含以下几方面：第一，针对学生的个性发展提出具体的需求。马卡连柯相信，要想形成一个群体，首先要学会向学生们灌输知识。"孩子们的集体学习成绩，很大程度上取决于他们的组织和时间。"而对学生提出具体的个人需求，则有利于迅速地调整学校的秩序与纪律，使其融入自己的行为之中，从而引导和矫正集体的发展方向，以促进他们的自觉意识和自我训练。因此，马卡连柯在《苏维埃学校里的教育问题》中这样写道："从一开始，学校就应该把苏维埃社会的那种不可动摇的、无可辩驳的要求告诉学生，使他们懂得怎样去做。"第二，在群体中培育良好的舆论。公众舆论的形成，是一个群体成长与成熟的重要标志。所谓的"民意"，是指学生们对社会生活中的种种现象和事实进行的评估。这样的评估应该是连贯、代表性和有效的，也就是说，不但要让集体中的所有人或大多数人都同意某个观点，还要把这些观点付诸实践，谴责那些犯错的人，改造他们的坏性格，鼓励他们自愿、积极、热情地参与集体活动、交往和建立联系。第三，在集体中构建社会主义的人性。康尼科娃认为，人道主义关系是一种集体道德上的成熟，它具有以下特点：一种普遍的友善的氛围，一种相互关怀的态度，一种对全体成员一视同仁的态度，一种对他们的苦难和快乐做出回应的个性特质，在整个群体中牢固地占据着支配地位；竞争、自私和孤立的小团体都消失了，在群体中，"孤独"的过度声望、某些学生成为"领袖"的角色，都在逐渐消失。本文认为，构建和谐社会的本质在于构建主体与个体、群体主体之间的平等与协作。它是培养和弘扬学生良好个性品质、预防和改造不良个性品质的重要保障。第四，要把好的集体生活传统积淀起来。马卡连柯相信，在群体中，活动、交往和各种关系，都会产生很大的教育效果。优秀的集体传统体现了集体的个性和特点，不管是对个体个性的塑造，还是对组织、群体的培育，都有很大的影响。就像马卡连科说的："没有什么比传统更能使集体团结起来了。培养传统，传承传统，是当前教育工作的重中之重。没有传统的学校就不能算是好的，我所看到的所有好的学校都有它的传统。"个性的培养与发展需要多种形式的活动。活动是主体性发展的源泉，也是个体各方面特点的发展之源。但是，与个性教育需求相适应的活动并非是一种单独的行为，而是一种具有主动性、多样性、统一性和完整性的行为。它是培养学生良好个性、特别是主体发展的来源和手段，是实现个性教育目的的重要途径。第五，激励个人主动性。人的优良个性和良好的集体的形成，同个人的积极性、积极参与集体活动和积极的自我教育紧密地联系在了一起。也就是说，集体活动对个体的各种影响，只能由个体在集体活动中的积极参与来实现。"当一个人在某个特定的领域中，他的进步会更快。在这一点上，如果一个人没有自己的主动性，他就不能培养自己的习惯，也不能培养自己的能力。所有的新的个性形态和性质，都是人类在社会生活、劳动、科学等相关领域中的积极的行为所产生的。因此，不能将一个人'制造''生产''塑造'成物品，变成负面的结果，而是让他们投入到自己的工作中，从而激发自己的热情。"

个体和集体是一体的，良好的个性与集体主义是相协调的，而集体教育是个体个性发展和形成的重要保障。

## 二、为学生争取更多的自由活动时间

群体活动和个体活动是培养受教育者良好个性的重要因素，两者互为补充。总体上，团体活动注重标准化与统一性，注重学生个性的共性和鲜明的社会性，但是个体差异很难得到全面的照顾，个体的独特性也很难得到充分的体现，而个体活动恰恰能弥补集体活动的这一缺陷。所以，在进行个性教育时，应注重学生的个体活动。

有利于良好个性发展的个体活动，要求更多的自由活动时间。"自由时间"，也就是所谓的"可以由学生能够自主分配可用的时间"，指的是除了课堂上的学习、集体活动和满足自身生理需求之外的其他时间。马克思的经典著作中，有一句话说得很清楚："其实，时间就是人的活动，是人的生存和发展的空间。"在时间组成因素中，自由时间的增长对个体的健康发展起着决定性的作用：第一，自由时间是个体独立的社会主体性得以实现的根本保障。自由时间最基本的价值就是个体的自由行动。自主是自由行为最重要的特征。在闲暇时间，学生可以根据自己的兴趣、爱好、愿望、习惯等，自主选择适合自己的活动范围和形式，如：绘画、体育、学习、文化娱乐、文学创作、科学实验、义务劳动、人际交往等。在自主性的活动中，没有固定的活动空间，个人可以在各种不同的活动领域里尽情地发挥自己的个性和才能，成为学习的主人、人际交往的主人，也就是说，他是一个完全的人，他完全地占有了他的整体的本性，并由此使他拥有了人类的所有的本性。第二，是个性充实的保障。学生自主活动的内容、形式多样，有别于普通的班级和正式的活动，是实现个性全面、协调发展的重要保障。马克思与恩格斯曾以人类的思考能力为例，说明了人类活动的丰富程度对于人类的全面发展的重要性。一个人的思想取决于他的性格以及他所处的环境。一个人的思想与他一生中的其他一切行为一样，都是综合的。反之，一个人的思想活动范围狭小，生活内容贫瘠，"必然会像他自己和他的生活那样，变得非常抽象。"同样的，个性的其他方面也会得到发展。学生的活动越丰富、越全面，其自身的特点就会越丰富，越全面。所以，任何一种积极的、自由的行为都是个体全面、协调发展的重要内容。第三，在教室和正式的活动中，学生的身体和精神肯定会受到很大的影响，但在闲暇时间，他们可以消除疲劳，使他们的身体和精神得到充分的锻炼和补充，使他们的学习和正式活动变得更加有效。第四，在闲暇时光中，学生可以有独立的空间，对社会、人生、现实与未来进行冷静的反思与塑造。

自由时间对于学生的全面、协调发展的以上意义，要求我们要给他们更多的自由活动的空间。然而，在实际的教育实践（尤其是中小学）中，却很少为学生提供这样的学习环境。"全天候"的上课、补课、繁重的家庭作业，让学生们一天到晚都在紧张的工作中，没有一丝的休息。面对这一问题，为学生创造更多的自由时间，是目前实施个性教育的当务之急。就像苏霍姆林斯基说的："如果一个孩子能够自由地利用五到七个小时的自由活动，那么他就会成为一个聪明而全面的人。在这个问题上，谈到全面发展，谈什么培养兴趣和天赋，那都是无稽之谈。"

自由活动时间的增多，并不必然会促进学生的全面、健康的个性发展。在自由时间内，充分发挥个人的全面发展价值，取决于受教育者要有目的地利用自己的自由时间，创造自己的价值实现所必须具备的主客观条件。自由时间与自由活动空间是个性全面协调发展的必要条件，二者相互制约，缺一不可。有些学校的学生，虽然也有一定的空闲时间，但大多数时候，他们都会待在自己的教室或者寝室之中。究其原因，虽非单一，但其自由发挥的空间却是其重要因素之一。比如，有些学校只有教室，没有图书馆，没有文体活动场所。这样的情况，在很多乡村学校里都是很常见的。在这种空间环境下，又何谈自由的活动与反思。因此，在资源和财力允许的情况下，各级各类学校要根据实际情况，尽量给学生提供最丰富、最充分的活动空间。第二，培养学生的时间观念。在自由时间内，学生的良好个性的形成不仅要依赖于客观环境，还要依赖于其自身的时间价值观、各种活动能力、时间利用能力等。人类的时间观念分为正、负两种，持正面的时间观念的人可以珍惜时间，以积极的生活态度从事有益于他人和社会的进步、个人的身心和个性的全面发展的活动；而对时间持负面看法的人，对生活抱着混日子的态度，大部分的时间都花在了游手好闲和消遣上。培养学生科学、积极的时间观念，是学生学习的重要途径。另外，还要注意培养学生的多种自由活动能力和自由支配时间的能力。马克思认为，活动的自由的实质，是活跃分子自身的活动和其自身支配的权力之间的内在联系。学生没有能力进行自由的活动，也不能有自己的时间，也就无法合理地安排和利用自己的自由时间。所以，他们很难从单方面的发展中走出来。因此，在实施个性教育的过程中，应注重培养学生的自主学习的能力。

### 三、课内活动与课外活动互补

课内活动是指在课程大纲之内进行的教育活动，而课外活动是指超出课程大纲的学生自发参与的各种教育活动。广义上的课外活动指的是学校的正规课程之外的各类教学活动；狭义上的课外活动是指除了正规的课程之外，学校内部的各类教学活动。本文所涉及的课外活动范围较广。个性教育是一种完整的教育，它不仅重视课堂活动，而且重视课外活动，两者在个性教育中都是不可或缺的，两者相辅相成，对于培养受教育者的良好个性同样重要。

本文认为，课堂教学活动与课外活动的相辅相成，主要取决于其自身的特征：一、课外活动的自愿性和选择性；但是，课堂上的教学活动通常分为自愿和非选择性两种，它是针对所有的学生制定的，课程、时间、节奏都是统一的，整个班级的教学过程都是同步的，这样才能使他们的性格相通，更好地掌握文化科学的基本知识和技巧。第二，课外活动具有很强的灵活性和多维性，因此，活动计划要因人而异、因时因地制宜，既要根据参与者的意愿和要求，也要考虑当时的社会需要和学校、班级的特点，才能使活动的内容丰富多彩。这样，才能真正地从学生的个人特点出发，兼顾不同的人的特点，培养他们的个性。而课堂内的活动内容与此正好相反，它具有很强的整体性和稳定性，通常不会因人、因时、因地而改变。第三，学生的课外活动是以学生为主体、由学生自己组织、自己设计、自己动手，在教师的启发和指导下进行的自主活动。尽管我们主张在课堂教学中也要注重学生的主体意识，但是在实践中却很难实施，而且往往会出现冲突。第四，课外活动具有很强的实用性和灵活性，既要让学生动脑筋，又要让学生自己动手，而且在室内、校内、校外、集体或个别，时间长短、规模大小都有多种选择和灵活的安排，而课堂上的活动主要是教授有系统的文化和科学的基本知识，实践能力较弱，主要在室内、校内，都有固定的时间。因此，课内和课外活动都有其自身的特征，在个性教育中，他们各有各的特色，各有其特殊的功能，从而达到相互补充的目的。

针对当前我国中小学教育的实际情况，在强化课外活动的基础上，充分利用课内外活动，促进学生的良好个性发展。第一，在课堂教学中，最关键的是要充分调动学生的主动性。课堂教学是师生互动的互动过程，师生的主观能动性是师生互动的重要环节，没有学生的主体性，学生的主观能动性就无法形成良好的个性。所以，在课堂教学中，最重要的问题就是要调动学生的主动参与，让他们快乐地学习，愿意思考，真正地成为活动的主体，成为学习的主人和思想的主体，而不是被动地接受知识。第二，减少课堂上的活动时间，增加课堂活动的收益。从我国当前的学校教育状况看，学生课堂活动总量过大。苏霍姆林斯基主办的帕夫雷什中学，只有早上才是课堂上的活动，下午则是课后活动。但是，我们目前的学校教育基本上都被一种课堂上的活动所垄断。这不仅不利于学生的兴趣爱好和特长的发展，也不利于学生的个性和特长的开发，也不利于学生的创造性发挥。所以，有必要缩短课堂上的总活动，提高学生的课外活动时间。同时，要加强课堂教学的效益，也就是教师和学生在最短的时间、最小的身体和大脑的消耗下，达到最佳的教学效果。在国际上，强化课外活动是一个普遍的趋势。美国的学校十分注重学生的课外活动，他们的课外活动种类繁多，多达四五十种：学术性、娱乐性、体育活动性以及为社会服务等。此外，父母亦积极鼓励学生参与校外活动，借由课外活动，展现学生的竞争力、责任感、人际关系及领导才能。日本学校教育中的特殊活动，其实也是一种课外活动。他们认为，课外活动的教育意义就是培养学生的个性。在我国的教育学研究中，对学生进行个性化教育的重要性已经引起了人们的重视，并将其作为实施个性教育的一部分。很多教育理论著作都对"课外活动"的原则、内容、形式、方法等作了较为详尽的论述。然而，在"应试教育"机制的约束下，教育实践并没有真正回归到其应有的位置。这是一个亟待解决的问题，也是当前教育改革的当务之急。

在教学实践中实现个性教育的理想，必须满足以上几个最基本的要求。就我国当前的教育状况而言，这方面的条件还不够完善。所以，我们必须努力创造这些条件。当然，要想使个性教育得以实现，就要进行个性教育，要使个性得到充分的、协调的发展。

# 第四章 个性化阅读教学的目标和内容确立

一份合格的教学设计离不开正确、有效的教学目标的设定。"个性化阅读教学"作为新课改以来大力提倡的一种阅读教学模式，其目标确立决定了它的前进方向，而许多"个性化阅读教学"课堂之所以走偏，正是其目标确立时便产生了偏颇。因此，教师要首先明确"个性化阅读教学"目标的确立依据，并且遵循其教学目标确立的原则。另外，语文教学的三维目标依旧是"个性化阅读教学"目标的确立角度，教师要从知识与能力、过程与方法、情感态度价值观三方面确立正确的教学目标。

## 第一节 个性化语文阅读教学新课程的目标要求

"个性"在语文课程标准中多次被提起，可见，对学生个性地培养在义务教育阶段就已经被提上了日程，而在高中阶段已经有了很重要的位置，这里体现了很强的个体人本观。正如普通高中语文课程标准所提出的课程性质："使学生具有较强的语文应用能力和一定的审美能力，探究能力，形成良好的思想道德素质和科学文化素质，为终身学习和有个性的发展奠定基础。"我们主要从以下两个方面来谈为什么个性化阅读教学是语文新课程的目标要求。

## 一、以人为本的课程理念

以人为本，是语文新课标的教育指导思想。在语文新课标中，以人为本首先指以学生个体为本体、为本位。其次是指以全面地有个性地发展每个学生为目标为任务。因为，以人为本的教育思想、教学理念，落在实处，就是通过知识、文化的学习、通过生活、做人的引导，把每个学生培养成为有个性的人，就是培养学生有个性地发展自己。语文新课标把这种以个性培养为基本任务和目标的人本教育理念、思想，具体落实在阅读教学的规范引导上，指出语文阅读教学，无论是九年制义务教育阶段的语文阅读教学，还是高中阶段的语文阅读教学，都应该以引导、培养学生有个性地发展为基本根本任务。

语文课程还应重视提高学生的品德修养和审美情趣，使他们逐步形成良好的个性和健全的个性，促进德智体美的和谐发展。

学生是语文学习的主人。语文教学应激发学生的学习兴趣，注重培养学生自主学习的意识和习惯，为学生创设良好的自主学习情境，尊重学生的个体差异，鼓励学生选择适合自己的学习方式。

阅读是学生的个性化行为，不应以教师的分析来代替学生的阅读实践。

从如上三条引文可以发现，义务教育语文课程标准把培养学生有个性地发展和健全的个性，定位为是其基本的目标任务。在如上三条规定中，第一条是义务教育语文课程标准的目标要求。它提出，要想让学生的个性充分发展，就必须重视学生的品德修养和审美情趣的养成，为后面的个性化阅读教学提出了指导性的建议。只有培养学生养成良好的个性和健康的个性，才可能促进学生全面发展和德智体美和谐发展；而培养学生良好和健全的个性的基本途径，是加强学生的品德修养和陶冶学生的审美情趣，作为语文教学的主要形式的阅读教学，必须贯彻此目标，并遵循实现此目标的基本途径。在此基础上，第二条、第三条是为具体的实施提出的建议。在义务教育阶段，主要还是注重学生的系统知识学习，是在掌握必要的学习内容的同时开始注重学生的个性发展。在这一阶段，首先要关注学生品德修养和审美情趣的形成，进而激发学生的学习兴趣，让学生真正成为学习的主人。第二条指出，培养学生良好个性和健全个性的真正起点，就是引导学生体验自我、发现自我，引导培养学生学习兴趣。落实在阅读教学上，就是引导、激发、强化、提升学生的阅读兴趣。从这一角度出发，从宏观上对学生进行教育，可以从三方面入手：一是，要培养学生的自主性，把它运用到阅读教学中，就是要培养学生的独立阅读意识，并引导他们形成自己的阅读习惯；二是利用各种方式、创造各种条件，为激励学生自主学习、自主阅读创设良好的学习情境、阅读情景；三是无论在口语交际、写作，还是在阅读教学中，都必须充分尊重学生的个性倾向，并以此个性倾向为人本原则，来鼓励学生探索、选择、构建适合自己个性倾向的学习方式、阅读方式。

在整体上规定了包括阅读教学在内的语文课程教学个性化目标、任务、起点、方法等之后，第三具体落实在阅读教学上来，专门规定阅读教学必须是个性化的教学，指出阅读必须是学生个性化的行为，阅读教学必须是个性化的教学。因而，阅读教学必须严格从品德修养和审美陶冶两个方面入手，以培养学生的全面发展为起点，以创造各种个性化的教学情境为平台、以全面引导、激励学生自主阅读，并积极探索个性化的自主阅读方式、养成富有个性地自主阅读能力为基本任务，为此，阅读教学必须改变过去的唯分析主义的教学模式。

　　全面提高学生的语文素养，充分发挥语文课程的育人功能。注重语文应用、审美与探究能力的培养，促进学生均衡而有个性地发展。

　　高中语文课程应该遵循共同基础与多样选择相统一的原则，精选学习内容，变革学习方式，使全体学生都获得必需的语文素养；同时，必须顾及学生在原有基础、自我发展方向和学习需求等方面的差异，激发学生的兴趣和潜能，增强课程的选择性，为每一个学生创设更好的学习条件和更广阔的成长空间，促进学生特长和个性的发展。

　　学生通过必修课程的学习，应该具有良好的思想文化修养和较强的运用语言文字的能力，在语文的应用、审美和探究等方面得到比较协调的发展。选修课也应该体现基础性，但更应该致力于让学生有选择地学习，促进学生有个性地发展。

　　能围绕所选择的目标加强语文积累，在积累的过程中，注重梳理。根据自己的特点，扬长避短，逐步形成富有个性的语文学习方式。

　　这四条主要是讲，首先要注重语文应用、审美与探究能力的培养，并根据学生的原有基础和个性差异来激发学生的兴趣，形成个性的语文学习方式，再通过必修课的学习和选修课的合理选择来实现学生的个性发展。个性化阅读就是培育个性化的语文学习方式，因而，个性化阅读教学，就是通过引导学生个性化阅读而培养学生个性化的语文学习方式。

　　普通高中教育是与义务教育相衔接的基础教育，但是它"大大淡化了对系统的语文知识传授的要求"，在九年义务教育的基础之上进行了拓展和延伸，以全面育人为主要任务。以人为本就是要重视人的主体性，以人为中心，强调的是对人个性的培养和发展。以人为本的教育就是要尊重学生的主体性，"一切为了学生""为了每一位学生的发展"。以人为本的语文教育，就是教学目标、教学内容、教学环境等都要围绕学生的成长需要来进行。综上所述，从这两个语文课程标准可以看出，一方面，语文教育是以人的个体发展为目的的，重视的是个性的张扬和个性的全面发展。这一阶段的学生之间存在着巨大的差异，在遵循其共同基础的同时，还要进行多样性的选择，创造更好的学习条件和更广阔的成长空间来促进学生个性更好地发展。另一方面，语文教育倡导的学生个性化的发展是以学生均衡发展为前提。在学生具有良好的思想基础和知识基础的前提下，学生根据自己的需要和兴趣来发展自己的个性。

**二、语文新课标中的"个性化阅读"理念**

学生的个性化，在语文课程中主要体现在阅读、写作和口语交际这三个方面，然而阅读是写作和口语交际的基础，所以它在培养学生个性中占有着重要的位置。这里我们将着重探讨阅读教学的个性化问题，即阅读教学如何培养学生有个性的阅读的问题。

具备独立阅读能力，重视情绪经验，积累丰富，具备良好的预知能力。学习使用不同的阅读方式。能初步理解和欣赏文学，获得崇高的情感和兴趣，培养个性，充实自己的心灵。对文章的内容、表达有自己的理解，能够提出自己的观点和问题，能够利用协作的方法来解决问题。在阅读作品时，可以产生自己的情感体验，对作品的意义进行初步的理解，从而获得对自然、社会、人生的有益的启发。

个性化阅读在义务教育语文课程标准中被提及四次，这四条是义务教育语文课程标准在教学中的课程目标的要求。第一，要求学生具有独立的阅读能力，要对知识和情感有一定的积累，而形成良好的语感，在对文学作品解读时能有自己独到的见解。第二，它要求学生要对学习的内容有自己的心得、体会或者是疑问。第三，要能够从文学作品中品读出对自然、社会、人生的启示。第四，要给予学生对文学作品体验的鼓励，并加强考察。

在这四条中第一条是总目标要求，首先要求学生能够独立阅读，在注重自己的知识积累和情感体验的基础上形成良好的语感，为更深刻的阅读做好铺垫。其次在学生对文学作品有了初步了解和鉴赏，并受到较高的情操和趣味的陶冶之后，使学生的精神世界得以丰富，进而个性得到张扬。第二条和第三条是第四阶段目标（7-9年级）。由此可知，在九年义务教育过程中，小学对个性化阅读并没有明确的规定，到了初中阶段，才慢慢地有所提及。这两条告诉我们在个性化阅读教学之初，只要求学生对课文的内容有自己的一点心得体会，根据自己对文章的理解能够提出一点看法、体验和疑问，能通过合作学习的方式加强探讨究问题的能力即可。第四条是对阅读的评价，这一点是针对阅读之后的具体体验而言，重点考察了学生对作品的具体印象和感情的体会。在这个过程中，我们要给学生一些特别的感觉和经验，以增强他们自己的自信心。

通过读书、思考，体味其丰富的内涵，探索生命的价值与时代精神，有助于逐渐形成自己的思想、行为准则，树立积极的人生理想，从而增强国家复兴的使命感和社会责任感。能够正确、熟练、有效地使用自己的母语，并能在日常生活或学习过程中使用。通过语言运用来拓宽自己的眼界，对自己的学习潜力和倾向进行初步的了解，并根据自己的需求和可能，在自己喜欢的领域进行开发。要从总体上把握文章的内容、整理思路、归纳要点，领会文章的思想、观点和感情。善于发现问题，提出问题，能够对文章做出自己的分析和评判，并力求从多个角度、多层次上进行阐发、评价和质疑。

重视学生的个性化阅读，充分调动学生的人生经历、知识的累积，使学生在积极的思考与情绪活动中得到独特的体验。学习和欣赏外国文学，以正面的欣赏心态，重视审美经验、陶冶情操、修养心灵。能够体会到意象、体味语言、体会到作品的丰富内涵、表现出艺术表现、有自己的感情经历和思想。阅读教学是学生、教师、教材编者的多种对话，是一种思想的碰撞与心灵的交流。在阅读过程中，每个人都应该以自己的方式进行交谈和沟通。

个性化阅读在普通高中语文课程标准中被提及六次，第一条是总目标，它要求学生通过知识的积累，独特感受的体验，生成自己的思想，并以此为准则进行生活，为祖国的繁荣发展贡献自己的一份力量。第二条是要求学生要能够自由地运用祖国语言文字，并发展自己的兴趣。第三条是提倡独立阅读，从把握文章内容到提出问题、解决问题。第四提出了个性化阅读，要以知识积累、生活体验为基础解读文本。第五是对上面几条的升华，通过阅读和鉴赏，注意养神、养心。第六条是对个性化阅读教学实施的要求，就要使学生、教师、文本在平等的基础上进行对话。

虽然说在义务教育阶段和高中阶段对个性化阅读教学的目标不同，但是从上面的分析，我们可以看出，这两个阶段的目标是层递关系的，义务教育阶段是为个性化阅读教学提出了一个宏观的方向，只是要求学生对于阅读内容有自己的一些想法，能够通过阅读和鉴赏得到对自然、生命、社会的一点看法即可。而高中阶段则需要在此基础上能够有自己的思想，并能够以此来指导自己的人生。义务教育阶段的个性化阅读教学无疑为高中阶段的个性化教学做了很好的铺垫。从上面梳理我们也可以看出，贯穿义务教育阶段和高中阶段一贯不变的准则就是，一定要注重学生的独特感受和个性化差异。首先要尊重学生的感受和体验。不同的成长环境导致不一样的生活经验，不同的知识积累也形成了多层次的基础，不同的兴趣爱好也使价值取向大不相同。在教学中，教师要尊重每个人的不同的情绪体验，树立学生的阅读主体性，为他们提供最大的自由发挥空间，欣赏他们的独到见解。其次，要学会和同学们进行对话和沟通。"个人化阅读教学"是一个对话的过程，它不是单纯的"你问我答"，而是在教学过程中，主体之间的交流和交流。由于文本本身的不确定性，以及高中生对阅读的期望视角的差异，导致了阅读与欣赏的多样性与差异。教师要自觉地保护好学生的心灵之光，鼓励他们进行个人阅读。个性化阅读必须以学生主动为前提，主动就是自主，就是自我渴望、自我要求、自我发动心灵情感、认知动力，去释放、提升自我独特的感受和体验，也就是说，个性化阅读的基本要求是：自主性，主动性，感受和体验的独特性。

# 第二节 个性化语文阅读教学的时代要求

## 一、时代的发展对人的要求

现代社会是一个集自然、融合、创新、协调、精神与人发展于一体的社会。"人的发展"是指个体在体能、智力、意志、情感潜能和精神素质上的全面发展。人的发展本质上是人的潜能和全面的发展，它是社会经济、政治、科技、文化、思想、道德发展和人性（个人人性和社会人性）发展的最终目的，是整个社会发展的基本动力。这里的潜能，第一是指人的脑部潜能，第二是人的精神、情感、意志、身心的综合潜能；第三，指人掌握环境的潜能：四是人认识、理解和自觉地协调自然和自己变化的能力。而人类潜能的发展，正是体现在人的全面解放与全方位的塑造上。在这种时代和形势面前，教育必须解放思想，面向未来，为当代的社会输出合适的人才。教育的核心是培养人，要尊重学生的主体性，重视开发人的潜在特性，使人形成健全的个性。

语文学科的教育是所有学科教育之基础，只有在语文教学活动中充分关注学生个体的独体感受与体验，才能使学生具有自主意识，才能促进学生创新思维的形成，才能有利于学生个性的健全发展。所以，语文这一学科正是培养人全面发展的主阵地，而高中语文新课标的三维教育理念，"知识和能力""过程和方法""情感态度和价值观"和五维目标"积累·整合""感受·鉴赏""思考·领悟""应用·拓展""发现·创新"以及九年制义务教育语文课程标准关于"平等的思想""爱国思想""生活修养""语文能力"的教育理念和以识字写字、阅读、写作、口语交际、综合性学习为基本内容的教育目标恰恰承载了这种要求。"以个人为本，充分利用人生经历与知识的累积，在积极地思考与情绪中，得到一种特殊的感觉与体验；培养学生的想象力、思考能力、批评能力。"三维教育理念和五维目标的实践是塑造新人，这里的新人，首先是身心健全、健康的人，其次是具有潜力的、个性生存和个性发展的人。这种新人的教育理念、课程目标落实在语文阅读教学中，就是个性化阅读教学。可见，"个性化阅读教学"是时代发展和社会进步的迫切需要。

### 二、学生身心健康成长的实际需要

教育是推动人类价值和生活的加速，它的本质在于使人的身体和精神得到充分的发展，从而使人的价值和生活得以实现。由于遗传素质、社会环境、家庭环境、人生经验等因素的差异，每个人都有自己的"精神世界"，他们在兴趣、动机、需要、性情、性格、智力、特长等各方面都有差异，各有侧重，重视学生的特点，培养出有特色的人，这是我们对待学生的最根本的态度。独特也就是不同，我们要意识到不同的学生，同时也要尊重他们的不同。差异既是教育的根本，又是发展的先决条件，应该把它当作一种宝贵的资源来加以利用，让每一个人都能充分自由地发展。人的发展是共性和个性的统一，每个人由于自身体验的不同而形成了不同于他人的心理特征即个性。教育最主要的目的就是要实现人的全面发展，要以人的价值体现为最终目标，让学生的身心健康地成长。教育就要重视学生的这种独特性，也就是学生之间的差异性。要在尊重学生个性差异的基础上来促进学生的个性发展。由此可见，教育的本质就在于满足学生身心健康发展的需要。

中学生是整个教育中的一个特殊群体，个性的发展对这一阶段学生的健康成长尤为重要。他们正处于青春发育期，无论是生理还是心理方面都是不成熟的。然而个性是后天形成的，是可以塑造的。而语文这一学科作为所有学科的基础，它便成了培养学生个性发展的最重要的学科。因此，"语文课程要充分发挥它的特殊作用，让所有的高中生都能得到应有的语言素质，同时也要给他们更多的发展空间；我们要为培养新的时代需要的各类人才，培养和发扬民族精神，提高国家的创造力和凝聚力。"语文课程目标是以学生的发展为准则的，在学生成长的不同阶段设立了不同的学习目标，根据学生的实际需要编订了合适的教科书，使学生在不同的成长阶段学习恰当的内容，我们可以从阅读教学、写作教学、口语交际教学三个方面来实现学生身心的健康成长，但是在本文中，我们主要是从阅读教学方面来进行详细的探讨。

## 第三节 个性化阅读教学的目标确立依据

语文阅读教学在确立目标时，通常以三方面作为依据：课表依据、文本依据、学情依据。"个性化阅读教学"作为语文阅读教学的一种，其目标确立也离不开这三方面依据。

然而值得一提的是，"个性化阅读教学"提倡学生的"个性化阅读"，因此在确立其教学目标时不能忽略学生的经验，要以不同的学生经验为起点，让每个学生都能够通过阅读教学，满足其阅读需求。而学生经验又可分为两个方面：生活经验、语文经验。

本节将从课标依据、文本依据、学生经验依据三方面进行阐述。

## 一、以课程标准为指导，突出"个性化阅读"理念

《基础教育课程改革纲要（试行）》明确指出："国家课程标准是教材编写，教学、评估和考试的依据，是国家管理和评价课程的基础。"语文课程标准在语文学科课程论的理论指导下，依据培养目标和课程方案，对于语文课程的教学内容、教学实施、教学评价和资源开发等方面有着指导性作用，也是语文课程的指导性纲领。"个性化阅读教学"属于阅读教学的范畴，其教学目标的确立也要与课标对于阅读教学的总目标相契合。

### （一）以新课标的"大语文观念"为理论指导

就整体目标而言，在理念上从"大语文观念"的角度出发，以学生特性、语文课程理念和社会需求为主要依据，从学生本位出发，重视学生在阅读过程当中的主体地位，使阅读教学成为学生、教师和文本的立体对话。新课标中明确提出"学生是学习的主体，语文课程应立足于学生的身心健康、语言学习的特征，尊重学生的好奇心、求知欲、鼓励学生自主阅读和表达能力，充分调动学生的问题意识和进取精神，注重学生的个体差异和不同的学习需要。"这样的理念为"个性化阅读教学"打下基础，这种关注学生个性发展，注重"个性化"阅读体验的语文课程理念，贯彻于整个新课标之中。

### （二）以第四学段阅读教学目标为指导细则

从阅读教学目标而言，每一条都明确指向语文阅读教学应达到的目标。这一阶段阅读教学旨在强调全面提高学生的"语文素养"，以三个维度为中心，着重于识字与写字、过程与方法、情感态度价值观等，使学生掌握多种阅读方法，并掌握基本的语文知识，具有广泛的课外阅读量，在阅读过程中生成个性化解读。同时，这一阶段的课程目标和内容的设置主要对

以往教学中出现的问题进行纠偏,强调学生在阅读教学中发挥主观能动性。

1. 从学生的学习方法和阅读方法层面,对语文阅读教学有所要求。首先,新课标在阅读教学的整体目标中,突出了培养学生独立阅读的能力和学习各种阅读方式的能力,是对总体目标的深化与补充,也就是"自主阅读"的概念。梅丽尔·哈明已经很好地解释了"自主性":"自主性是指学生能够正确地做出正确的选择,能够控制自己,能够坚持自主地学习,不会被强迫。"即:语文阅读教学要以让学生获得独特感受为目标。

此外,在新课标中,积极倡导自主、合作、探究的学习方法,并通过合作,共同探讨、分析和解决困难的问题。

2. 在阅读时,结合自己的感情经历,对作品的意义有初步的理解,从而获得对自然、社会和人生的有益的启发。能说出自己对作品中的动人情景和意象的感受,从而提高欣赏一部作品的表达能力。这一点从体会文本情感、品味语言美感和汲取哲理与启示这三个方面对阅读教学的有所要求。

首先,谈到文学作品的欣赏,便不得不谈到内容与语言两方面。着眼点在于欣赏文学作品,其中"有自己的情感体验"和"对作品中感人的情景和形象,能说出自己的体验"突出学生在与文本对话中产生的个性化反应,强调文本欣赏内容上的"创造性阅读"。

其次,从语言上来说,"品味作品中富于表现力的语言"强调学生在文本欣赏过程中对于语言的独特感受。当学生在与文本互动时,不仅仅在内容方面有所感悟,在语言方面也是如此。

最后,新课标对于学生语文素养的培养,最终目标在于提升学生的思想道德修养和审美情趣,逐步形成良好和健全的个性。对文学作品的欣赏,不仅止步于内容与语言，更重要的是蕴涵于其中的哲理。因此在阅读教学中，引导学生对哲理进行体验与深思，是真正意义上对作品的感受深刻化的体现。因此要在阅读教学中做到基于文本，又超越文本，让学生在与文本的对话中汲取哲理与精神，最终完善自我。

综上可以看出，语文课程标准对于实施语文阅读教学有重要的指导作用，它既是教师施教的重要依据，也是学生学习语文的实践指南。因此，教师在实施"个性化阅读教学"时，应当以课程标准为指南。同时，在检测"个性化阅读教学"有效性时，也应当以课程标准为评价标准。

### 二、以教材编排为依据，收获文章的"共同视域"

每一篇文章都有其独特的文本特质，都是独特的存在，同一作者在不同时期所创作的诗歌也是截然不同的，所以在目标设计过程中，要注重与具体文章的文本价值互相结合。同时，语文教材的编排已经通过某种方式，将拥有某一"共同视域"的文章放在一起。因此，在深入探究一篇文章的同时，也不能忽视教材的编排。

在实施"个性化阅读"时，教师不仅要关注学生的阅读经验，还要关注他们之间的共同理解。语文教材依据课程标准制定而成，在对学生的语文知识、思维发展、个性培养、语言能力等方面的要求具有其固定意义，其价值取向也是相对确定的。因此，可以说每一篇文章都蕴藏着一定的"共同视域"，也是学生需要到达的境界。

### 三、从学生中来到学生中去，以学生个性化经验为起点

每一阶段的学生认知水平、审美水准、知识储备都是有差异的，这是"个性化阅读教学"确立教学目标时的重要依据。如何兼顾每一阶段、每一个学生的个性与能力差异，在其基础上让每个学生都有所得是确立起教学目

标首要考虑因素。优秀的目标是以学生已有的学生经验为基础，立足学生的生活经验和语文经验上。

（一）以个性化生活经验为起点

首先，关注初中生的心理发展特点。心理学研究表明，一个人只有在受到充分尊重和信任时，才能够充分发挥出自己的聪明才智，才有执行力、创造力。而位于初中阶段的学生，他们的自尊心越来越强，他们更愿意发表自己的意见，希望得到别人的信赖和赞扬。同时，学习的自主性得以发挥，学习独立性彰显，而此时正是其个性与创造力萌芽和发展的黄金时期。同时，中学生身心处于生长发育的关键期，对事物存在求知欲、好奇心。因此，阅读教学的教学目标确立应充分建立在学生的兴趣点上，关注不同学生的不同兴趣，调动学生的学习积极性。

其次，不同学生的生活背景不同，这导致了他们进入文本的视角和切入点不尽相同。例如在学习《拿来主义》一文时，有的学生联系经验进行解读；有的学生出于对鲁迅文风的了解，感受蕴藏在本文中的鲁迅；有的学生既没有类似的经验，也没有一定的阅读积累，却关注作品的社会意义、教育意义等；有的学生通过文本的阅读，与电影、动画中的情节进行联系；有的学生凭借其生活经历，对课文中展露的风土人情有所感触。这就要求教师在确立教学目标时，需要关注不同学生的生活经验，将其作为起点，从而让每个学生都能够通过阅读教学，获取相应的共鸣和提升，达到阅读教学的目的。

（二）以语文经验为起点

语文经验相较于生活经验而言，指的是学生在语文学习中的能力和思维等方面的不同。这也是"个性化阅读教学"确立教学目标所依据的起点之一。

从整体上而言，学生已经有了一定的阅读积累，在基础知识和基本能力方面有了较为充足的积累，教师需要侧重第四学段的学情。

根据学生的心理发展阶段，不同时期的学习者对课文的理解水平存在差异。学生通过长期阅读学习的过程，他们的阅读开始会关注对语篇文意的深入理解。而当阅读能力提升到一定阶段，学生开始运用辩证的眼光，批判性地阅读文本，实现阅读的"再创造"。

就阅读能力来说，不同的学生在阅读上有差异。阅读能力较强的学生善于运用多种手段和策略，在阅读学习过程中积极主动地进行知识建构。对于他们而言，其阅读期待较高，阅读也具有一定的深度和广度。阅读能力差的学生在阅读理解上存在着一定的不足，很少能够发挥其主动性进行文本探究，获取独特阅读体验。因此，对于这样的学生，双基训练是其阅读学习的主要目标。教师在确立阅读教学目标时，不能顾此失彼，需统筹兼顾，让能力发展水平不同的学生各有所得。

## 第四节　个性化阅读教学三维目标的确立

新课标中规定，语文阅读教学目标的设计要从三个维度出发：知识与能力、过程与方法、情感态度与价值观。这要求教师在制定教学目标时，要兼顾学生的知识获得和能力提升，以及获得知识与能力的过程与方法。同时，不能让语文课程丧失其人文性，重视阅读教学对学生的情绪、态度和价值观也起着重要作用。三者组成了一个完整的、立体的目标系统。

同时，语文教育的任务是为现代化社会提供新一代人才。"个性化阅读教学"的目的意在发展学生个性，培养学生创造力，让学生具有思想的灵活力、活动的执行力、问题的探究力。"个性化阅读教学"的有效实施，必须在目标确立时充分考虑学生的生活经验、兴趣爱好、思维方式、阅读积累、阅读能力等等诸多方面的差异，使不同阅读需求和学习需求的学生都能够找到适合自己的学习目标。

**一、知识与能力：注重语言运用**

若将三维目标设立目标层级，那么知识与能力目标可以说是基础层级，是教学目标的首要维度。学生通过阅读学习，首先获取语文知识，奠定之后语文学习的基础。因此，知识与能力目标的确立的依据是课程理念与教材中的"工具性"部分，意在让每个学生都从文本中习得相关语文知识和文学常识，并且提升其收集、整理、搜索信息的能力。

（一）知识目标的确立

众所周知，知识是人类认识的成果与结晶。在语文课程中，语文知识即包括字音字形、成语、标点、文学常识、表达方法、修辞手法等，是语言文字运用的基本储备。参照布鲁姆的对于知识的划分，"个性化阅读教学"的知识性目标有以下几种：

1. 记忆事实性知识

记忆事实性知识是通过观察和识记获得的，其抽象概括水平较低，是一种基础性知识。在语文阅读教学当中，这种知识诸如字音字形、文学常识等，都可以直接通过学生的自主阅读和识记获取。另外，还有隐藏于文本背后的记忆和事实性知识，诸如创作背景、创作目的、时代流派等方面的知识，需要教师在课堂中加以补充，也需要学生在课后加以拓展。

这一类的知识习得一般而言通过学生自主阅读和教师补充信息，是基础性知识的积累。因此，在任何阅读教学中都适用，"个性化阅读教学"也不得忽视记忆事实性知识的传授。

2．理解概念性知识

与事实性知识不同，概念性知识是一种较为抽象概括的、有组织的知识性类型。就语文知识中的理解概念性知识而言，诸如某一作家的创作理念和风格，以及某一文体的创作规律，等等。例如，通过比较阅读，掌握鲁迅文风，或者通过其谋篇小说或者散文的学习，理解鲁迅"为国人呐喊"的创作目的，与犀利、冷峻的语言风格。

学生在理解文本大意的基础上，归纳概括出某位作家的创作理念或者风格等方面，即获取了文本的理解概念性知识。因此，这与学生的阅读能力和理解能力息息相关。"个性化阅读教学"注重学生的阅读能力起点，因此其教学目标仍需注重概念性知识的掌握，提升每一个学生的理解归纳能力。

3．应用程序性知识

程序性知识是关于如何做事的一套程序或步骤。然而，获得概念性知识是程序性知识运用的前提，即在理解概念性知识的情况下，运用程序性知识来执行。在语文阅读教学当中，程序性知识主要是指利用已有的知识储备去完成特定任务，诸如在了解鲁迅的基础上，对课文进行深入分析和感悟。

程序性知识是"个性化阅读教学"中最值得重视的知识，对于培养学生思考力、执行力和创造力都有至关重要的作用。因此，"个性化阅读教学"在确立教学目标之时便要充分考虑程序性知识，让学生自主阅读和解决问题中，对文本有独到体验和感受，从而发展个性，培养创造力。

（二）能力目标的确立

阅读教学能致力于培养学生多方面能力，主要有阅读能力、理解能力、概括能力、鉴赏能力、表达能力、思考力、创造力，等等。在诸多能力当中，"个性化阅读教学"对于培养学生自主阅读能力、问题解决能力以及创造力承载着重要的使命。"个性化阅读教学"目标确立时，教师需要有意识地将学生的自主阅读、合作探究、批判思维等方面能力置于其中。教学设计要以此为标准，引导学生摆脱思维的惯性束缚，并且启发学生运用多维视角思考与解决问题。同时，教师需要善于学生创造性阅读，根据自身阅读需求和阅读期待，因文而异，适当切换阅读视角，在不同的阅读情境中体验文本。

值得一提的是，能力目标的达成并不是一堂课就能够完成的使命。因此，只有将"个性"与"创新"二字贯彻到每一堂"个性化阅读教学"的课堂中去，才能逐渐对学生的个性发展和创造力培养起到积极作用。因此，能力目标的确立不能过于宽泛，更不能试图在一堂课中面面俱到，而是要根据具体文本和学生情况，具体问题具体分析。

**二、过程与方法：重视探究过程**

过程与方法目标贯穿于知识与能力、情感态度价值观之间的。学生通过一定的阅读方法和过程，获取语文知识，同时达到情感、态度、价值观方面的学习目标。因此，过程与方法目标的设计显得尤为重要。

新课标提倡的语文课程实际上是一种探究学习的过程。课标理念中所倡导的"自主、合作、探究"的学习方式正是贯彻落实这一目标的有效途径。这一理念从学习方式的角度突出"自主"二字，其本质上仍是强调学生在阅读中的主体地位，强调阅读教学从教师指导走向学生自主的方向。在"个性化阅读教学"当中，反映为：强调学生积极主动参与和创造性解读文本，鼓励学生自主阅读、合作探究，从而对作品内容和价值取向有意义生成上的作用。

另外，"个性化阅读教学"中"探究"是主要过程，教师应当以"探究"作为教学的必经途径，灵活设置各项问题情境，使得学生在问题探究和解决的过程中，激发其问题意识和进取精神。在探究学习的过程中，学生以自身经历和经验为基础，对文本进行探索、想象、体验、分析，从而完成创造性解读，完成"第二文本"的创作。

此外，"个性化阅读教学"的具体教学方法都建立在自主、合作、探究的基础之上，在第六章中有具体展现，本节不再赘述。

### 三、情感、态度、价值观目标：回归精神世界

这一目标的设计往往与文本的主题思想、审美价值密不可分，同时也充分体现了语文课程的人文性。

有人提出，人即语文。语文的本质是回到人本身，回到人的生活本身。这就意味着，语文教学不仅要传授语言知识，更要做到对课文的一般认知和基础的理解，还要回归到学生自身、学生的生活。换言之，语文教育在注重语言文字运用的同时，还需要通过文本的教学，启发学生对于自我生命和生活的探究和感悟，培养其正确的情感、态度、价值观。新课标提出："语文课程丰富的人文内涵对于学生精神世界的影响是广泛而深刻的，学生对语文材料的感受和理解又往往是多元的。"因此，要在教学中尊重学生的多元感受、体验、理解。

海德格尔曾经说过，语言是存在的家。从某种意义上而言，语言的存在与流传承载着人类生存与进步的使命。而什么样的语言意味着什么样的

思想深度。贫乏的语言中只有干瘪的精神力量，食之有味的语言往往蕴藏着丰富而深厚的精神力量。由此，阅读教育的另一个重要目的在于：引导学生进入语言的体验之中，让学生从对语言的理解、认同中汲取精神力量，并为我所用。有时，对文本语言的体验与理解，正是学生获得精神力量，树立正确价值观的捷径。这是"个性化阅读教学"在情感、态度、价值观方面不可或缺的目标。

因此，让课堂放慢脚步，不仅仅完成对预设性的语文知识传授的目标，更要让学生从文本中获得快感与收获，让每一个学生从中汲取充分的精神养料。

## 第五节 以文本特质为基础，确定教学重点

在确立一篇文章的教学内容时，许多教师过于追求面面俱到。一篇课文需要教学的内容很多，需要提升的能力也不止一方面，需要渗透和弘扬的情感、态度价值观的人文情怀更不是单一的。因此，如何从诸多内容中，确立一堂课的教学重点，是值得思考的。教学重点应当是从三维教学目标中衍生而来，文本中存在的最重要、最核心的知识和技能。换言之，教学重点的确立离不开优化处理文本核心价值。一旦抓住了文本的核心价值，就能纲举目张，达到课堂教学的目标。其中，文本特质是确立教学重点的标准，教学重点实际上是一篇文章最核心的价值所在，是文章的"灵魂"。

### 一、关照文体特点，确立"个性化"教学重点

不同文体有不同的文本价值，不同文体也有其"个性"所在。诗歌、散文、

小说、戏剧的不同文学样式拥有其不同的文体特点。比如，诗的形式是多种多样的，从表现的角度来看，有抒情诗、叙事诗、说理诗；从文体上看，既有古体，也有新诗；散文的文体自由；戏曲有多种类型，按其艺术形态和表达方式，可以分为话剧、歌剧、舞剧等。不同文体的阅读方法和教学方式不尽相同，因此，根据文体来确立教学内容也是"个性化阅读教学"的重要部分。

（一）小说的教学重点

传统的小说理论认为："小说"是指以人物形象为核心，以整个故事和周围的环境来表现社会生活的一种文体。由此衍生出小说的三要素为：人物、环境、情节。这三方面的联系是密切的，而其中最重要的是人物形象分析。因此，小说的教学重点应当放在人物分析上，兼顾环境和情节。

随着对小说风格的研究，人们发现了它的另外一个特点：它是体验与虚构元素的再组合，而小说的文本特征则体现在它的虚构性和破坏力上。所以，在读者的阅读中，角色的可信度、故事的完整性和逻辑性、主题的鲜明性，已经不再是读者最关心的问题。相比之下，人们更为关注"怎样"讲述一个故事。

因此，对小说的解读不应以现实视角出发。小说教学课注重两个方面内容：第一，保持小说三要素，重点突出人物的人性、情感，强调学生与人物间的情感共鸣。第二，吸纳更多关于"叙事技巧"方面的知识，作为小说教学的重点之一。

具体而言，小说教学重点可以有以下几个层面：

1. 分析小说的心理描写、动作描写、语言描写、外貌描写、神态描写，分析人物形象。

2．通过概述内容和分析人物形象，整体把握课文内容，探究小说的思想意义，理解课文的主题。

3．学会小说不同的叙事手法。

4．品味小说的个性化语言特色。

（二）散文的教学重点

散文是初中阅读教学的主导性文体，它占据了语文教材的大部分篇幅。同时，散文教学也是"个性化阅读教学"最难以把握的文体，其根本原因在于：没有把握散文文体的特质所在。

从定义上而言，散文是一种作者写自己经历见闻中的真情实感的灵活精干的文学体裁。因此，散文的特性在于张扬作者个性。每一位作家的每一篇散文都折射着其个性的一面。换言之，散文是一种个性情怀的见证，其最大的特性体现在：这是一种自序体 —— 讲述发生在自身的真实故事。正如梁秋实先生所说的："一个人的个性思想，在散文里绝无掩饰的可能。"因此，散文教学的重点应当放在"知人论世"上。所谓知人论世，就是在进行个性化阅读教学的过程中，要与作者进行对话。唯有将语言放在特定的环境，将文章与作者、社会相结合，才能真正把握具体语句的内涵和深意。

例如朱自清《荷塘月色》的教学片段：

教师在完成对于荷塘描写的赏析后，让学生解析"这几天心里颇不宁静"这句话。

1．以自身经验和想象出发，联系文章的整体基调和文中具体透露的信息，猜测体会作者为什么不宁静。

2．参考相应的背景知识和作者的写作背景，再次体会作者为什么心里颇不平静。

首先,《荷塘月色》的教学重点无疑在于对于塘中荷花的细致描写。但是值得注意的是,散文是一个"由语言营造的世界"。虽然散文所记录的是真实的见闻,但是这也是一种极具作者个人色彩的言说对象。实际上,散文中所呈现的世界,是作者通过极具个人特色的感官过滤之后的人事物。换言之,《荷塘月色》中的荷塘,是朱自清在"这几天心里颇不宁静"的心情下所见到的荷塘,也是朱自清心中独有的镜像。若非"这几天心中颇不平静",平日里的朱自清或许也见不到这般的"荷塘月色"。因此,本课题在确定教学重点时,尤其注重作者当时的心境,通过"知人论世"的手段,更加深入解读"荷塘月色"带来的别样美感。

散文教学的真正着眼点在于在叙事、描写客体过程中,作者这个主体的思想感情,这才是散文文体的教学重点。因此,针对散文的"个性化阅读教学",其教学重点应为:通过对于描述对象的分析解读,触摸作者的情思。

然而,"个性化阅读教学"之所以对散文的教学内容如此难以把控,正是忽略了散文的"自叙体"特质。因此,散文类文本的教学内容,切记以下三点:

1. 忌过分解读记叙或描写的客体,即散文内容,而对作者浅轻描淡写,轻视作者主体的思想感情。

2. 切忌让学生以己之心随意揣度作者本意,并且不加以验证。这是在"个性化阅读教学"中最容易犯的错误。

3. 将散文中高度个人化的情感客观化、道德化。

（三）诗歌的教学重点

诗是一种以高度浓缩的文字,能够生动地表现出作者的丰富感情,集中地反映了社会生活，并有一定的韵律和节拍，是一种抒情的文体。诗歌作为一种语言高度凝练的文体，其语言的特点是作为突出的，因此诗歌的教学重点之一是语言的品析。提语言特征为：语言简洁凝练、结构跳跃、富有节奏和韵律。此外，意象是诗歌的基本元素。不论是中国古代的格律诗还是现代诗歌、外国诗歌的教学，都离不开意象的解析。同时，诗歌作为一种抒情言志的文学载体，其落点在于情感的体验。

总体而言，诗歌教学的重点在于语言的鉴赏、意象的分析、情感的体验。值得一提的是，由于诗歌节奏和韵律突出，朗读是诗歌教学中必备的教学手段，提升学生的朗读能力也是诗歌教学的重点之一。

具体而言，诗歌的教学重点为：

1. 品味诗歌的节奏美和音乐美，欣赏诗歌的形象，体味诗歌的情意，领悟诗歌的意境，体会诗人借助具体事物来表达感情，用形象说话的艺术特色。

2. 通过具体意象的品析，感受诗人的思想感情，提升自我审美素养。

（四）议论文、说明性文体的教学重点

这一类文体要求学生熟知议论文、说明文的基本知识，并通过思考做出判断。论述是以论述为主要表现形式，其主要目的是分析事物、辨析原因、发表观点、提出主张。论述有三：论证、论据、论点。论证是作者对所讨论问题的观点和结论，是论文的灵魂所在。论据即支持论点所做的证据和材料，以支撑论点，论点在大量论据的基础上得以展现。所以，要使学生从不同的角度和内容中辨别出不同的观点，并在思维和判断中把握其核心。

说明性文字是一种以说明为主，目的在于介绍和说明事或者物的原理，使读者有相应认识的一种文体。它的特征是：用途广泛。值得一提的是，说明文的学习重点不在于文本内容和文章主旨，而在于阅读的"过程与方法"。学习说明文，不仅要获取相应的科学知识，更重要的是提升提取信息能力、逻辑思维能力、概括能力。因此，说明文的教学重点在于"过程与方法"。

据此，议论文和说明性文章的教学重点应放在：

1．学习议论文的论证方法及其作用。

2．结合时代背景与课文内容，分析作者立场和观点，对其观点做出自我评析。

3．体会说明性文章简明、准确、生动的语言特点，学会各类说明方法、说明顺序。

4．丰富科学知识，提升探究问题的能力和语言分析能力。

### 二、依托文本特质，确立"多元化"教学重点

诚然，同一文体的教学重点有相同的侧重面，但是每篇文章语言表达、思想内容等方面不尽相同。文章的"个性"决定其教学重点。在确立了不同文体的文章所侧重的教学重点后，应将着眼点放在每一篇文章的"个性"上。阅读教学的教学内容一般而言分为以下几方面：文章的主要内容、文章所表达的作者的思想感情、文章的表现手法、写作手法、语言特点等等。前两项为体现语文课程的人文性特点，后三项突出语文课程的工具性特点。教学重点是每一篇文章最核心的文本价值所在，因此每篇文章的教学重点诗侧重人文性还是工具性，有赖于其文本特质。

以 C 教师的访谈为例：

问："您选取教学内容的依据是什么？"

答："我选取教学内容的依据有两点。第一、依据学生的学情，即阅

读层次。我会首先收集他们对文章的初步感受，从而确定他们的能力层级。第二，抓住选文特点，即语言表达、文体特点、内容差异。特别要注重文本的共性，区分文本的个性，关注语言特点。尤其对表达上有特点的语言形式作为重要的教学内容。"

一般而言，依据文本特质，教师首先要确认适合文本的教学形态，以此为教学重点的基础。

（一）鉴赏性文本的教学重点

鉴赏性文本注重对于文本语言的赏析。对于这类文本，除了要探索作者的意愿、获得个性化体验、感悟之外，还要探究文本语言价值，将语言价值与文本价值合二为一，突出不同文体的语言特质，以品析语言为切入点，层层深入符合文本特质的文章精髓中去。如此一来，学生在与文本的对话中达到审美水平的提升。

鉴赏性文本往往是文学作品，其中通常以小说、诗歌、抒情性散文为主，这一类文本也是高中阶段教材选文的重点。

鉴赏性文本教学的内容，往往集中在文本的文学性特质上。如朱自清的《荷塘月色》，本文最主要的教学内容是对于荷塘与荷叶生动形象淋漓尽致的描写，以及其中拟人、比喻、通感的修辞手法，让学生赏析文本的语言美、意境美。

此外，在欣赏课文教学中，学生的情绪参与不仅是教学活动的先决条件，更是课堂教学的基础。所以，在教学过程中，要使学生"动情"。

（二）应用性文本的教学重点

应用性阅读教学将文本作为"有用"的对象，以学习其实用性价值为主，通常以说明文、通讯稿等为主。这一类文本的主要价值在于：通过学习此类文本，学会应用性文本的格式和写法，获取适用的阅读方法和策略。

应用性文本一般都是实用类文章，其中以说明文为主。这种文本的教学要着眼于文本的"可用"性，让每一个学生都可以利用该文本达到自己的实用目的。其教学主要内容既有所介绍的事物本身，也有写作方法和行文结构。而最主要的是描写事物的方法，学生应当通过这一类文章的比较阅读，学会介绍类文章的写作。

（三）解读性文本的教学重点

解读的目的在于建构意义。文本既是一种信息内容，同时也是"了解信息"的方法所在，两者同样重要。因此，在确立解读性文本的教学重点时，要寻求文本与学生之间的关联。解读性文本的教学重点是：掌握文本本意，并学会解读文本的方法。

值得一提的是，鉴赏性文本、应用性文本、解读性文本之间并不是绝对区分的，每一篇文章都有值得鉴赏、应用和解读的一面。因此，教师在确立教学内容之时，要抓住文本的核心价值所在，从而确立教学重点。

总体而言，文本阅读的过程是读者将文本信息转化为自身需求，获取真实感受的过程。在这个过程中，切忌架空文本，对文本进行"臆想"，也不能"点到为止"，止步于作者原意。"个性化阅读教学"的内容确立最根本的依据便是：遵循文本特质，探寻文本价值。这就要求教师在确立教学重点的过程中钻研文本，立足文本自身的价值取向。唯有依托文本特质，在尊重共性的基础上并充分发挥阅读个性，才能真正对文本有"个性化理解"。

# 第五章 个性化阅读教学的实施

## 第一节 个性化阅读的相关因素

### 一、学生因素：学生的阅读个性是核心

从教学的最终目的出发,阅读实践活动的主体是学生,而非教师。因此,个性化阅读的关键在于学生的个性。

（一）高中学生个性化阅读的基础：大量阅读

《普通高中语文课程标准》指出："阅读是学生个性化的行为,不应以教师的分析来代替学生的阅读实践"。在这种情况下,学生的阅读实践就是"在积极的思维和情绪的过程中,充分地发挥自己的生活经验和知识的积累,从而得到一种特殊的感觉和体验。"可见,学生的个性体验很大程度上是建立在大量阅读的基础上。没有大量的阅读,学生就没有一定的知识储备,思维能力也就得不到发展,在面对文本时,又怎么会有独特的感受呢？

新课程提出了"个性化阅读"的理念,但如果学生面对文本时,自己的体验很浅,感受不深,这一理念就得不到很好的贯彻,所以我们倡导学生要大量阅读。《普通高中语文课程标准》在这一方面也做了较具体的规定：课外自读文学名著及其他读物,总量不少于150万字。

如何指导高中学生大量阅读呢？

1. 帮助学生选择读物

高中学生学习时间很紧，课外阅读的时间也很有限，如何在有限的时间内获得最大的收益呢？那就是读一些适合高中阶段学生年龄的、有益于高中学生身心健康的读物。除《普通高中语文课程标准》后面开出的课外读物建议外，教师要发挥自己的引导功能，帮助学生选择读物，以消除阅读的盲目性。

2. 指导学生积累文化知识

在阅读过程中，学生不是只了解情节就罢了，读懂文章就算了。而是要通过这种方式，来不断的积累自己的文化。一方面，学生在阅读过程中，从人文精神中汲取营养，重塑自己、发展自己；另一方面，在人类文化的滋润下，学生们有意识地、无意识地对人类文化进行加工、创作，使之达到一个新的高度，在发展自身的同时，也在发展着人类的文明。

反映在阅读中，文化知识的大量积累，能加深学生对文本的认知深度、广度，加快知识结构的建构和生成，为学生的个性化阅读奠定基础，促使学生正确深刻地感受文本。

3. 教给学生联系自己的生活经验

阅读应该联系社会生活、联系自己的生活经验。阅读的目的就是让作品与自己的感受、理解、体验产生"碰撞"，产出火花。从这个角度看，如果把阅读看作与自己无关的纯客观行为，读者就不会对作品产生兴趣，也不会激起要理解它的欲望，阅读就成了没有用的活动。只有联系自己的生活经验去阅读，触发联想、切己体察，阅读才能成为积极思维活动的过程。从一定意义上讲，阅读就是读自己，理解的意义就是从自身出发去理解。因此，我们要指导高中学生在阅读时，联系自己的生活与现实经验，承载自己的想象和憧憬，构建一个崭新的属于自己的诗意世界，使自己的心灵得到净化和提升。

（二）高中学生的个性化阅读

《全日制义务教育语文课程标准（实验）》提出："学生是语文学习的主人。语文教学应激发学生的学习兴趣，注重培养学生自主学习的意识和习惯，为学生创设良好的自主学习情境，尊重学生的个体差异，鼓励学生选择适合自己的学习方式。"着重强调了学生才是语文学习的主人。《普通高中语文课程标准（实验）》也提出："阅读教学是学生、教师、教科书编者与文本之间的多重对话，是思想碰撞和心灵交流的动态过程。阅读中的对话和交流应指向每一个学生的个体阅读。"由此可知，阅读教学中的对话和沟通要指向学生。可见，学生是阅读的主体，是整个阅读教学的核心，所以学生便成了我们首要关注的对象。而影响学生的主要因素有哪些方面呢？笔者进行了大胆的尝试，主要是从博学、审问、慎思、明辨四个方面进行探讨，然而是否可行，还有待笔者在教学中进行实践。

1. 学生要将自己摆在阅读主体的位置上，进行个性化阅读

阅读实践的主体是学生，学生要把自己摆在阅读主体的位置上，意识到阅读是自己的事情，要有自己的见解。阅读是心理活动的一种过程，而真正的阅读要依赖于所有的心理、情绪意图的参与，而学生的希望视野则会对他们的心理活动和情绪活动产生直接的影响。因此，学生的阅读必然是个性化的，有着鲜明的自我理解的色彩。高中生已有一定的知识积累，更具有对作品独特的理解能力。无论对不对，这都是一个重要的学习环节，是每个人独特的经历和独特的思维方式。过去那些对教师的被动接受的学习，根本就不能算是真正的读书。

在个性化阅读过程中，学生最先是在自己期待视野的基础上，调动自己的思维，激发自己的情感获得独特的个性理解。只有经历这一环节，阅读对于学生才是有效阅读。在此基础上，通过互相讨论、交流，学生会发现自己的不足，使自己的观点与他人的观点融合，从而使自己的思维得到发展。

2. 在阅读过程中，学生要用期望的视角来填充"空白"，并判断"未定"

接受美学认为，一部作品的意义在于两个层面：一是作品自身，二是受众。作品作为"意义之源"，是由于其内在的"潜质"，即"不确定"和"空白"所决定的。"作品意义的不确定性和意义上的空白，会让读者在创作中寻求新的意义，并赋予其参与创作的权力。"

在现实生活中，任何一篇文章都会有不确定与空白。读者的阅读过程，即填充空白，并将其确定下来。否则，阅读就进行不下去。这样，阅读在相当程度上，贯穿着读者的再创造。学生正是用自己的期待视野进行着再创造—填补文本空白，确定文本未定。由于每个高中学生的期待视野即认识水平、文学艺术素养、文学审美情趣、阅读经验、生活经历、主观倾向性等不同，学生的阅读就显出了个性化。通过各抒己见，互相讨论，就能把对课文内容的理解推到更高境界，有利于更好地洞察作品深邃的内涵。

3. 学生要学会从不同的角度看问题，用自己的头脑去思考

在个性化阅读中，学生见识了各种各样的观念，要学会从不同的角度看问题，要习惯于倾听不同的声音，用自己的头脑去思考、去辨别，进而使自己的胸襟更宽广，个性更突出。当然，张扬个性，要避免偏见，建立在理性的基础上，而理性的获得要建立在大量阅读的基础上。只有积累、吸收得多了，阅读、欣赏得多了，才能真正形成自己的个性。

4．大胆质疑，寻找欠缺，揭示作品的伤笔

个性化阅读需要对学生的个人观点进行尊重，并对问题进行批评和表达。在阅读中，要鼓励学生不迷信权威、名作家、名作品，对作品大胆质疑，寻找欠缺。凡是自己想到的，都可以提出来，供大家讨论。

在这个学习过程中，高中学生打破了对课本、作者的迷信，用自己的"前理解"从文本中发现问题，深入探讨，解开疑团。这是对学生个性的充分尊重。当学生欣喜地发现自己也能发现大作家的欠缺时，他的个性无疑会充分发扬。

（三）学生个性化阅读的土壤

《全日制义务教育语文课程标准（实验）》提出："学生要有自己的读书方案，要多读多种读物，要在课外阅读 260 万字以上，每学年要读两到三本经典。"《普通高中语文课程标准（实验）》也提出：要有广博的阅读兴趣，要想拓宽自己的阅读范围。学会正确、自主地选择读物，读好书，读完全部，充实自己的心灵，提升自己的文化品位。从这两个目标中，我们可以看到新的语文新课程对学生的广泛阅读提出了非常明确的要求，只有通过大量的阅读，学生才能真正地形成自己的思维。

阅读是一种个性化的行为，教师要正确地指导和协助学生，但绝对不能用自己的解释来替代自己的阅读。学生应该"重视个人阅读，充分利用自身的人生经历与知识的积累，在思考与情绪的活跃中，获得一种特殊的体验。"由此可见，学生的感受和体验在很大程度上是建立在大量阅读基础之上的。没有一定的阅读量，学生就没有自己的知识基础，认识能力和思维能力都将得不到发展。只有文化知识的大量积累，才能加深学生对文本认知的深度和广度，才能加快学生知识结构的建构和生成，为学生的个性化阅读奠定坚实的基础，促使学生正确深刻地感受文本。

然而博学怎样能促进学生的个性化阅读呢？主要有以下两点：第一，学生要学会自主地选择正确的阅读资料。由于中学生的学习时间很紧张，除了要完成自己各门功课的作业外，可以说进行课外阅读的时间相对来说就相当少，然而为了能够在较少的时间内有较大的收获，让学生有更大的进步，教师就应该发挥自己的引导作用，为学生选择一些适合学生阅读的，有益于学生身心健康的阅读资料，在此基础上学生可以根据自身的兴趣、爱好有选择地进行阅读。第二，学生要能够意识到自己才是学习的主体。真正地把自己放在阅读的主体的位置上才能在个性化阅读教学中以身体之，以心验之，才能有真正属于自己的对阅读的独特见解。这样的阅读才是有效的阅读，才是个性化阅读。

（四）审问：学生个性化阅读的起点

《普通高中语文课程标准（实验）》中提出："善于发现问题，提出问题，能够对文本做出自己的分析和评价，力求从多个角度、多层次上进行阐释、评价和质疑。"从这一点可以看出，在阅读教学中，发问是学生理解自己的第一个步骤。从本质上来说，学习的根源并不在于感知，而是在于问题，没有了问题，就很难激发和激发学生的好奇心。而现代的学习方法则强调了问题的重要性，因此，提问是学习个性化阅读的出发点。语文课程改革最突出的特点就是要改变学生的学习习惯，使他们在教师的适当引导下，形成自己的学习风格，拥有自己的个性。新课标倡导的是自主学习、合作探究的学习方法，但问题是学习方法的根本特征。这种问题，需要培养学生的主体性，并能主动提出问题。

那么学生怎么进行审问呢？一方面学生要把问题看作是自己学习的动

力和贯穿整个学习过程的主线；另一方面学生要通过学习来生成问题，进行提问。在个性化阅读教学过程中，学生的创造性往往体现为"问题意识"，这种"问题意识"体现在对文本话语形态的不断探索和研究中，对文本内涵的审问上，学生若能按此过程进行阅读将会使学生的创造能力得到极大的提高。"没有提问，就没有回答，一个好的提问比一个好的回答更有价值。"可见，问题的提出是阅读教学个性化的一种创造性的表现形式。只有把提问贯穿整个阅读教学，才能体现出语文课程标准对阅读教学所提出的要求。

（五）慎思：学生个性化阅读的内驱力

《普通高中语文课程标准（实验）》提出：培养学生独立思考、质疑、探究、强化思维的严密性、深刻性、批判性；愿与他人进行交流与思想的碰撞，通过互相学习，增进理解，共同进步。同时我们也看出，慎思是学生个性化阅读的内驱动力。

然而学生如何慎思呢？第一，教学过程中就是要让学生明白，学习的过程是发现问题、提出问题、钻研问题和解决问题的过程，而发现问题需要学生独立思考，也就是我们这里说的慎思。当各式各样的说法充斥了自己听觉的时候，一定要自己保持一种谨慎的状态，将所有的答案都经大脑一一思考。第二，独立思考也并不是要完全拒绝别人的意见，相反，在研究问题的过程学生要善于倾听，吸纳他人的意见。教师要鼓励学生进行大胆质疑，要让学生明白，任何问题都不是只有一种答案。虽然学生的根本任务是学习，但学习的最终目的在于发展和创造。

在个性化阅读中，学生要学会从不同的角度看问题，要习惯于倾听来自不同方面的各种各样的声音，并用自己的头脑去思考、去辨别，进而使自己的胸怀更宽广，个性更突出。所以，真正的教育是个体的自我教育，学生自觉参与、积极地思考是个性化阅读形成的内驱力。当然，张扬个性，还要避免偏见，建立在理性的基础上，而理性的获得要建立在大量阅读的基础上。只有积累、吸收得多了，才能真正形成自己的个性。

（六）明辨：学生个性化阅读的思维方向

《普通高中语文课程标准（实验）》中指出："引导学生从现实生活、社会现象出发，对文化问题进行分析、阐释，并提出自己的观点。"从这段引文我们可以得出，明辨可以为学生在阅读中获得的知识和感受提供正确的引导方向，而让学生在阅读中主动积极地进行分析就是个性化阅读教学，由此可见，明辨是学生个性化阅读的指导方向。

我们前面提到，在博学的基础上，通过审问，学生提出问题得到了他人的回馈，进而沉心思考所获信息的准确性，最后学生根据自己的生活体验和知识进行分辨，形成自己的个人观点。个性化阅读教学就是要尊重学生个人的见解，鼓励学生批判质疑，给学生自我表达的机会让其发表不同的见解。在阅读中，教师要鼓励学生凡是自己想到的，都可以提出来进行讨论，这是对学生个性的充分尊重。在阅读中，学生要用自己的"前理解"在发现问题之后进行深入的分析明辨，当学生发现文本中的欠缺时，他的个性无疑会得到充分张扬；即使最后的答案是否定的，这也帮助学生指明了方向。

二、教师因素：教师的教学个性是前提

《全日制义务教育语文课程标准（实验）》中提出：教师是组织和引导学生进行学习的重要途径。教师要转变思想，更新知识，不断提升自己的综合素质。要正确认识、合理利用教科书，充分利用课程资源，灵活应用各种教学策略，引导学生在实际操作中学会学习。这使教师们在课堂上的地位更加清晰，教师是学生的引导者，所以教师首先要转变观念，要不断地提高自己的综合素质。而要创造性地使用教材就需要教师首先实现个性化。所以教师因素是个性化阅读教学的前提。而能否更好地实施个性化阅读教学，教师的基本素质、工作态度及方式方法等都是首要因素。有效地进行个性化阅读教学，就需要语文教师突破自己已有的教学个性，只有教师个性的教学，才能为学生个性化的学习提供可能。

个性化阅读教学的前提是教师的教学个性。要使学生的阅读个性得到满足和发扬，首先必须要有打破框格的教学个性。只有教师的教学是个性化的，学生的阅读才是个性化的。要培养具有鲜明个性的教师，必须从以下几个方面着手：

（一）教师要有自己独特的个性化阅读体验

新课程标准突出了阅读是一种个性化的学习方式。实际上，阅读也是一种个人的教学活动。在以往的教学实践中，很多教师将《教师教学用书》当作教材的参考资料，从而丧失了自己的阅读经验。我们可以想象，如果教师将《教师教学用书》当作教学的唯一标准，那么，学生的个性化阅读又怎么可能达成？教师的阅读方法和习惯常常会对学生起到很好的示范作用。教师自身若没有一种反省、批判性的自觉，又怎么可能使学生具备探索性、创造性的阅读能力？因此，师生均应享有自由思考的权利与自由，教师要脱离教参，与课文进行对话，具有其自身的阅读经验。以此为依据，对教材进行加工，使其成为具有教师个性特点的教学内容。只有这样，学生才能在阅读过程中得到多样化的引导，才能更好地与读者进行交流，从而达到真正的"心灵对话"。

### （二）教师要有个性化的教学思路与教学方式

每一位教师都应该在尊重教育规律的基础上，不拘泥于一家之言，发扬自家之长，形成自己独特的教学思路。教师特有的教育方式和个性魅力，必将对学生产生一定的影响和感染，促进其个性的形成。教师要营造一个有利于学生全面发展的良好课堂环境。

在教学方法上，教师要用自己的方法来引导学生和文章进行对话，并使他们能够进行探究性和创造性的解读。每一位教师都有自己的长处：善于运用多媒体的教师，可以通过图片和视频进行辅助；善于阅读的教师能用生动的语言来影响学生；善于表演的教师，可以通过自己的生动的模仿来让学生获得生动的经验。在教学过程中，每个教师都要针对自己的特长和认识水平，进行个性化的教学。

### （三）教师要为学生建立开放性的课堂结构

个性化阅读教学要求教师为学生建立开放性的课堂结构。首先，要尊重学生的主体解读。在理解课文时，教师要尊重学生，建立对课文的理解，而不能以教师为中心、以权威为主导。学生在阅读作品时，会携带着丰富的个人体验，从而形成阅读的自主性、选择性和差别性。在教学中，教师要尊重学生的阅读过程，激发他们的原有知识，创造一个良好的学习环境，让他们发表独特的言论，尊重他们自身的价值，尊重他们的情感和个性的发展。

其次，要提倡学生多元解读。按读物的体裁，可以把阅读分为文章阅读和文学阅读。高中新教材中文学作品占百分之七十以上，更便于个性化阅读。

接受美学的观点是：一部文学作品的产生，既要通过作者的创作，也要通过读者的创作。要想达到语篇的意义，就需要读者在阅读中将其具体化，并用读者的感受和体验来填补。由此可以看出，文章的意义在于两个层面：一是作品自身，二是读者的给予。所以，对一部作品的理解绝非单一的一种，而多重解释的理论和方法所带来的必然是对文学作品的多重阐释。

（四）教师应确立正确的教育观念

上面我们提到新课标要求教师要转变教育观念，在个性化的教学中要摒弃传统教育观念，要树立新型的教育观念，而这种新型的教育观念就是要创造性地教学。教师要不断地更新陈旧的知识体系，不断地提高自己各方面的素养，并在教学中体现自己的个性。

随着时代的发展，人们对人才的特殊需求发生了根本的改变，我们的语言教育也发生了很大的变化，阅读教学也受到了很大的冲击。只有新的教育观念才适合现今的社会，所以作为语文教师要树立新的阅读教学的观念，将这种新的观念体现在阅读教学上，就是要进行个性化的阅读教学。首先教师应该对个性化阅读教学的意义有深刻的理解，并对个性化阅读教学的内涵有高度的认同，要充分认识到个性化阅读教学的理念是与素质教育相关联的，人的全面发展最终是要实实在在地落实到每一个鲜活的个体上，不可能有脱离个体的全面的发展。而语文教师，也是这浪潮中的一员，只有每个教师都能够达到个性化的教学，那么我们的教育观念就彻底地改变了。

（五）教师应具备终身学习的理念

《普通高中语文课程标准（实验）》提出：在新课改的要求下，教师要不断地学习、更新思想、充实知识、提升自己的文化素质；"要认真阅读，仔细研读课本，在与同学进行平等对话的协作交流中，强化对学生的指点与引导，使之达到教学的长处。"因此，要做一个好教师，就不能止步于毕业前的学习，还要不断地进修，不断提升，形成终生学习的理念。

　　教师的终生学习理念，既是时代的呼唤，也是教育发展的需要。因而，教师的知识与理念的自我更新变得前所未有的重要，也是不容忽视的。作为一名优秀的教师，必须具备不断创新的能力。那么教师怎么进行终身学习呢？笔者认为，第一，由于教师的工作时间是固定的，除了自己备课的时间外，教师可以根据自己的实际情况进行广泛的阅读。第二，由于教师有寒暑假这一特殊假期，教师可以参加一些教育培训或者是继续教育。第三，作为语文教师，要想个性化的教学，前提是要了解学术前沿，在这个大的方向下形成自己新的教学思想，使个性化教学能够有的放矢。

　　（六）教师应具有基本的专业素质

　　面对学生各方面的不断提高，个性的不断发展，作为个性化阅读教学的重要前提的教师又应该具有哪些素质呢？

　　第一，语文教师要具有崇高的思想和高尚的品德。这是由语文教师的职业所决定的。个性化阅读教学是要培养学生良好的个性，而培养学生个性和健全个性应该是以养成品德修养和审美陶冶为基本途径的，这就要求教师首先就要具有崇高的思想和高尚的品德。就要热爱祖国、热爱社会主义、善恶分明、具有较高的道德情操；积极向上、努力拼搏；忠于自己的教育事业，爱护学生。语文教师如果没有这些基本的品德，就相当于缺少了作为教师最基本的素质，也不能够为人师表。

　　第二，语文教师要具有教育学和心理学基础。作为语文教师一定要深入地了解教育学和心理学，这是每个教育工作者都应该具备的。教育学和心理学基础能为自己的个性化阅读教学提供理论基础，让自己的个性化阅读教学的实践有理论支撑。而对心理学的了解则有利于教师和学生之间更好地交流，使整个个性化阅读教学氛围更融洽。教师可以通过阅读教育学心理学书籍，或者参加关于这方面的教师培训来获得教育学和心理学方面的基础。

第三，语文教师要有渊博的知识。即专业知识、文化知识、实践知识。俗话说学生需要一滴水，教师就要有一桶水，教师教学的过程也是教师不断学习、提高的过程。特别是新课改中对教师继续学习要求的提出，终身学习将刻不容缓。教师的专业知识首先从自己的系统学习来获得，一般包括现代汉语、古代汉语、中国文学史、外国文学史、文学理论、语言学理论、写作学、阅读学等知识。在学校也可以获得文化知识，还可以在日常生活中对文化知识进行积累。实践知识是教师在教学过程中所获得的，所以语文教师要多多实践。

第四，语文教师要具有创新精神。创新精神指的是教师在个性化阅读教学中要有自己的独特体验，能够个性化地教学。新课标对学生的自我体验提出了明确的要求，而学生的自我体验是要建立在教师的个性化阅读基础上的，只有教师创造性地使用教材，才能给学生的自我体验创造可能，所以教师的创新精神必不可少。教师的创新精神首先可以通过读书来获得，书读得多了，自然就会有自己的思想，有厚重的积累必定会有质的改变。其次，可以通过交流获得，教师之间，教师和学生之间的交流可以给教师一些灵感，就会为形成创造精神提供条件。

（七）教师应具有个性化阅读体验

《普通高中语文课程标准（实验）》强调："在课堂上，教师要充分利用教材和相关材料，要充分发挥学生的主观能动性。"这一要求就是要告诉我们，阅读也是语文教师的个性化行为，也就是说在阅读教学中教师要有自己的情感体验。

在过去的教学中，许多教师把教学参考书当成自己讲解课本的依托，这样既束缚了自己的思考，丢失了自己对阅读的直接体验，也给学生的个性体验套上一个框架。所以今天新课改才特别地强调了教师的这种个性化教学行为。

然而教师怎么做能具有自己的个性化阅读体验呢？笔者认为，第一，教师要抛开传统的阅读方法和阅读习惯，摆脱教学参考书，树立新的阅读观念，这个是对教师阅读行为的方向指引。第二，教师要博览群书，使自己具有一定的知识深度，这样才能更深入地解读文本。第三，当教师有了一定的知识基础和文化底蕴的时候，要直接地与文本进行对话，对本文探究，进而获得自己的独特的阅读体验，形成带有自己个性化特征的教学内容。只有教师有了自己的个性阅读体验，才能多元化地指导学生，形成学生、教师、文本三者在心灵层面的沟通。

总之，在阅读中，学生有自己个性化的阅读体验，教师也有。开放性的课堂结构就是在尊重各种体验的基础上，展开平等的学生之间、师生之间的对话。在对话过程中，教师应该作为一个合作伙伴参与其中。对话的目的是鼓励学生发表自己的见解，发展独立自主的个性，在多种思想、观点的碰撞下求同存异、归于共性、保留差异。最后的结论不是教师强加给学生的，而是学生在多重对话后自己感悟、思考出来的。这种开放性的课堂结构是教师个性化教学的具体表现。

### 三、文本因素：文本个性是基础

教材是影响学生语文阅读水平的一个重要因素。传统的阅读观念把教科书视为课程的目的，是由专家学者编写、权威机构认可的。教师只有在编写人员的指导思想下，才能顺利地实现教学目的。这种观点有一定的合理性，但也在一定程度上抑制了师生的积极性。因为教材是课程目标的体现者，而实现这个目标是要师生的参与，所以不能无视师生的感受。

何谓文本？"文本"有宽泛之分、狭义之分，泛指教师与学生在课堂上所接触之口语或书写之口语资料；狭义的文本是编者按照语文教材的要求撰写的一篇一篇的文章。在语文阅读教学中，"文本"就是指后者。

然而为什么说文本因素是个性化阅读教学的基础呢？首先文本是阅读教学的基础，新课标在教科书的编写中强调，教科书要以马克思主义、教育科学理论为指导，要适应学生的身心发展，要具有时代性和典范性，教科书是依学生的共性而提出的，将学生应该具备的语文素养都列为对教科书的编写要求。所以文本是阅读教学的基础。而个性化阅读教学是教师个性化、学生个性化、文本的个性化，所以文本也是个性化阅读教学的基础。而文本的个性化就是以学生的身心特点、个性差异为依照有针对性地选择教学内容。

（一）根据学生的实际需要取舍教材

文本是针对每篇文章而言的，各种文体的文章都称文本，它是教学展开的具体依据。教材是根据语文课程改革的目标、理念、方法、任务，有原则地选择一些能够完全实现语文素养、能力提高的富含智慧的美文，它是由一些文本组合在一起而形成的，是语文教学内容的总体蓝图。

我们前面提到，教材面对的是一般、全体，它体现的是共性的要求；

而教学则面对的是具体的活生生的个体，体现特殊或个性要求。因而，要使共性的教材达向个性之域，必须要对共性的教材做必要的取舍。新课标在对课程设计思路中提到：这种设计既可以使学校在课程安排上更加灵活，适应不同的学习需求，又能使学生根据自身的具体情况选择专业知识，并能在一定程度上对某一单元进行再学。因此，在选择教材时要考虑到学生的实际情况，即学生的真实基础、自身发展方向、学习需要等。取舍教材要以有个性地发展学生的阅读能力为依据。

教材是由一些专家和学者依照他们对语文课程标准的理解而编写的，然而编写的内容是否适合教学对象来学习，这就要靠实践来检验。而取舍教材的前提是，教师要充分了解教材和了解自己的学生。如何取舍教材呢？第一，教师在运用教材时，要考虑学生的实际需要，适合学生发展的可以多讲，甚至是扩展深入。不适合学生成长需要的可以少讲甚至不讲。第二，教师可以根据自己对学生的了解，把适合学生的但不是教材上面的内容拿到课上来讲。

（二）根据学生实际需要选用或编写材料

阅读能力实际上指涉语文应用、审美、探究能力。在个性化阅读教学中一切都是要以学生为中心，都是指向学生的，语文新课程标准也是根据学生不同的年龄段而编写的，所以教科书也要根据学生的需要。由于教科书是专家和学者所编写，他们根据课标的要求把学生应该具有的语文素养编写成教材，但是教材是根据学生的普遍情况而编写的，并不能考虑到每个学生具体需求。这就要靠教师根据自己对新课标的深入理解和对学生能力的了解来判断。教师要在课堂上充分运用自己的主观能动性，对课本及其他有关材料进行创造性地运用，还可以依学生能力和精神建构来独立编写材料，为不同需求的学生提供更大的发展空间。这样的做法就是使教材个性化，这就和前面提到的个性化阅读教学对文本提出的要求不谋而合。例如，学生如果觉得第一篇文章的内容对于他们来说有难度，教师就可以在本课之前补充些具体资料，让学生更好地理解文章。

　　总之，在个性化阅读教学中，教师要本着"一切为了每一位学生的发展"的教学宗旨，创造性地使用教材。


## 第二节 个性化阅读的解读方法

　　个性化阅读教学的重要任务是学会如何多角度地、有创意地解读文本。下面提供几种解读方法：

### 一、拓展文本的多重意义

　　文本的意义具有发展性和多义性。本文从"对话"的角度出发，提出了"作家"与"读者"的关系，即"人"与"人"的"交往"。每个读者都是以自身的"前结构"进入作品，与作品进行沟通，从而产生了对文本高度个人化的理解，从而产生了文本的多重含义。所以，我们要教给学生多角度地拓展文本的内涵。

　　鲁迅曾说读《红楼梦》，"单是命意，就因读者的眼光而有种种：经学家看见易，道学家看见淫，才子看见缠绵，革命家看见排满，流言家看见宫闱秘事"。可见，不同的人由于审美理想、阅读经验的不同，对文本的解读是不同的。例如对清末思想家龚自珍的《病梅馆记》的解读，因不同时期、不同的人和不同的需要，可以获得多种不同的主题理解。从作者写作的时代去理解，旨在批判封建统治者对人才的压制与摧残。今天，还可有如下理解：任何一个具有生命力的个体都需要自由生长的空间；表达了一种正确的审美观，只有健康的事物才会具有美感等等。

由此可见，同一个文本，它的社会意义因为阅读者的身份、社会处境不同而分取出不同的主题，只要言之成理即应获得认可。

## 二、转换文本的解读意义

王国维在其《人间词话》中说，古今之士，成大事者，必有三个阶段："昨夜西风凋碧树，独上高楼，望尽天涯路"，这是一种境界。"衣带渐宽终不悔，为伊消得人憔悴"，这是第二个境界。"众里寻他千百度，蓦然回首，那人却在灯火阑珊处"，此第三境也。王国维在这篇文章中，将男女主人公的苦望、苦思、苦求的意象从原文中剥离，转向了对事业和知识的追寻，这是一种以"转义"的创造性诠释的成功典范。

接受美学是指：在阅读过程中，读者常常会根据自己的主观感觉来体会文本的内容。有时，它会改变原来的含义，产生新的解释，使阅读进入一种新的境界。

如：莫泊桑的《项链》，主题是什么？初读这篇文章，觉得似乎很清楚，主要就是反映当时法国社会的虚荣、腐朽。但是如果我们抓住文中的每一个细节，不放过每一句话，对这篇文章的主题就有不同的解读：

我们可以把它看作是法国下层民众在生命和精神上的孤独。从这本书里，我们可以很容易地看到，玛蒂尔德对自己所缺少的东西，总是抱着一种异想天开的态度："她梦想那些幽静的厅堂，那里装饰着东方的帷幕……"可见，她的生活理想远远超过她所处的现实，她的精神生活极度贫乏。

我们也可以将其理解为人生观、价值观在人生体验中的作用。就是因为玛蒂尔德的思想太过极端，所以她的人生才会如此艰难。可以说，她的所有经历都与她过度的精神压力和物质生活息息相关。

我们也可以把它看作是对玛蒂尔德的纯真和忠诚的赞美。通过借项链、丢项链、还项链、说项链等环节，充分展示了玛蒂尔德"纯朴、诚信、善良"的美好品格。

我们也可以解读为生命的多变。作家莫泊桑曾写过这样的话："人生是多么奇怪，极细小的一件事可以破坏你，也可以成全你！"想一想，玛蒂尔德梦想过富人们的生活，却不得不因为一挂假项链经历十年辛酸，这并非她的本来追求，然而她经历了。人生不正是这样变幻无常的吗？

我们还可以认为这篇文章反映了矛盾对立统一相互转换的道理。玛蒂尔德失去了这条项链，这对她来说是一个巨大的打击。但是，这条项链却激起了她的勇敢和诚实，这也让读者意识到了人性的伟大。

对《项链》的解读还有许许多多……

**三、挖掘文本的隐性意义**

模糊理论认为：作家创作的过程大体是一个模糊思维的过程，读者欣赏文学作品是经由模糊，渐至准确，又到高层次的精确。这是一个"悟"的过程，在这个过程中，需我们在细微之处挖掘，在作品显性意义的背后，挖掘文本的隐性意义。

**四、进行批判性阅读**

批判阅读是解构性的，因此，读者要找到其中的漏洞与缺陷，才能产生新的创造性的理解。建构主义的观点是：学习是一个人在自己的大脑中主动地进行知识建构的过程，强调了其自身的巨大潜力。语文阅读教学的目的之一是要培养学生的创造性，这需要培养学生的思维能力，突破传统的限制，进行探究。

　　钱钟书《读〈伊索寓言〉》以批判性的方式阐释了寓言的含义，并开创了一种新的思路。契诃夫在其《装在套子里的人》一书中，对"套中人"这一角色进行了反讽和揭露，揭示了沙皇独裁统治下人民生活的困苦。同学们阅读后提出了这样的看法：我们现实生活中不也有这样那样的"套子"吗？是不是都不该存在呢？如何认识现实生活中各种各样的"套子"？我和学生们讨论了一下，认为人都生活在社会中，为了维持某种秩序，社会就会设下各种各样的陷阱（规则）。我们要正确处理套子，人固然不能脱离套子，却不能完全蒙在鼓里。人要有理智、有质疑、有辨别能力，要转变陈腐的思维方式，要有开阔的视野，要有主体性。总而言之，生活要有条条框框（例如，法律法规），但是不能自缚；人必须要走上自己的人生道路，却不能走入死胡同。这种批判性的解读是有一定道理的。当然，我们尊重学生的个性体验，并不是无原则地认同学生对文本的解读，任何解读都不能无视文本的存在和教学内容的价值导向。

　　在阅读教学中，阅读教学不仅要培养学生的阅读能力，更要培养学生的创造性思维。但是，这与单纯地肯定学生的不成熟、甚至是错误的课文理解是不同的。

# 第三节 个性化阅读教学实施的原则

《普通高中语文课程标准》指出："阅读是学生个性化的行为。"那么，学生阅读个性的发挥需要什么条件呢？我认为，实施个性化阅读教学须遵循以下原则：

## 一、民主和谐的原则

人民教育家陶行知数十年前提出要让儿童自由说话；给儿童提供自由，让他们接触大社会，接触大自然；让儿童自由地学习他们所希望学习的知识。可见，学生的主体性已经被确定为首要任务。教师要努力创造一个轻松的学习氛围，让他们能够在阅读过程中主动思考，并形成自己独特的阅读体验。

（一）让学生有足够的时间去阅读

很多教师在课堂上都会先介绍背景和作者，然后把题目的标准答案一一解释。一节课下来，学生们都没有太多的时间来看书，没有阅读，怎么会有感觉？如何才能提高学生的阅读水平？因此，教师要让学生有足够的时间去阅读，激发他们的各种感官，去感受、去品味。只有这样，我们才能主动地去思考，去把握、分析、赏析文本，让阅读成为一种个性化的学习方式。只有学生主动、自由地进行个性化阅读，才能在阅读过程中形成自己的独特感觉。

（二）激发学生的主体意识，使课堂形成一个交流的氛围

学生在阅读中形成自己的感受之后，教师要提供一个交流的机会，使学生有机会将自己的阅读成果展示出来。然后通过与他人交流，通过各种观点的碰撞，不断地自我反省，从而达到全面、深入地理解、掌握课文的

目的，让学生真正地爱上读书，从中获得知识。那种教师一言堂、一锤定音的做法，不利于个性化阅读教学的开展。

## 二、个性创新的原则

21 世纪，创新是最重要的，而创新的土壤是个性。世界上没有两片完全一样的叶子，而课堂就是最适合培养个性的土壤。《普通高中语文课程标准》明确规定："阅读是一种个性化的行为，不能用教师的分析来替代学生的实际体验。"

### （一）尊重学生的独特体验

《普通高中语文课程标准》明确提出："阅读教学中的对话与沟通，应该以每个人的个人为中心。"由于不同的学生有着不同的人生经历和性格，因此，我们应该对不同的阅读内容做出不同的回应。学生阅读的过程，是一个积极思考、发现、创造意义的过程，是情感体验、个性张扬的过程。对学生提出的一些不同以往的独特见解，教师应该持一种欣赏的态度加以鼓励，只要言之成理就应给予肯定。即使是错误的看法，教师也应找出其中的亮点加以鼓励，激起学生探索的热情。

### （二）培养创新精神，促进个性健康发展

卢梭说过："大自然塑造了我，然后把模子打碎了。"这是一句伟大的名言。世界之所以如此丰富多彩，就是因为每一个人都是独特的自己。教学中又何尝不是如此呢？语文教师要想培养有个性的学生，就应培养学生的创新精神，在教学中让学生多谈自己的感受，多说说自己的想法，多提一些有争议的问题，多发表一些自己独特的见解。教师在评价上不一定要求统一，要尊重学生的个性差异、个性发展。只有这样，学生才能畅所欲言。一旦学生的潜力被挖掘出来，就会有无数创新。只要我们加以鼓励，就能够培养出有独立见解、敢于质疑、勇于创新的个性学生。

### 三、开放评价的原则

课堂评价是为了更好地促进学生的思维，取得积极的教学成果。被评价者要通过评价发现自己认识上与别人的差异，进行反思，得出结论。为了使评价更有益于学生的思维和发展，教师要注意评价恰当，方式多样，结果多元，帮助学生树立起信心，使每个同学都获得不同程度的成功。

#### （一）评价主体的多元性

过去的课堂教学评价的主体似乎就是教师。对于一个问题的理解，教师的评价就是权威的吗？有没有比教师的看法更深入的理解？我们往往忽视了在学生中蕴藏着巨大的潜能。韩愈在《师说》中说过："弟子不必不如师，师不必贤于弟子，闻道有先后，术业有专攻，如是而已。"学生在某一领域知道得比教师多，认识得比教师深刻是完全有可能的。我们在课堂评价中不应忽视学生的巨大潜能。因此，评价的主体不仅是教师，还可以是学生。可以是学生之间互评，也可以是师生之间互评（包括教师对学生的评价和学生对教师的评价），评价过程是一个生生、师生互动的过程。

#### （二）评价标准的多样性

个性化阅读体现了"一千个读者就有一千个哈姆雷特"，怎么对如此多的不同认识进行评估？要对问题进行具体的分析。阅读可划分为实用阅读与欣赏阅读，其评估方法有差异：

应用性阅读注重知识的获得，而阅读则以知识为目标，这种类型的阅读通常都有一个统一的标准。

鉴赏性阅读是在得到思考启迪的同时，又获得审美愉悦的阅读，这种阅读的理解呈多元性。从接受美学的角度来看，文本的含义并非仅限于作者的创作意向，它是面向读者的，读者的阅读过程即是对文本的重写和再解。因此，我们不能用唯一的标准答案去评价学生的体验，而应将评价标准多样化。凡是符合阅读规律的、言之有理的见解，我们都可以给予肯定。文本的意义在读者接受的过程中各有不同，产生不同的阅读理解是正常的、合理的。

但这并不等于说学生的任何理解都是正确的，都应给予肯定。如果学生无视文本，根据个人意愿填补文本空白，随心所欲地解读，这是错误的，应给予中肯的、合适的评价。尽管"一千个读者就有一千个哈姆雷特"，但那只能是哈姆雷特。

（三）评价过程的动态性

过去不少教师评价学生的回答时，只注重结果是对还是错，学生答不出来，就有教师把结论直接告诉学生。至于学生回答的思路、过程，教师不关注。这种只重结果的评价导致学生自己也不明白错误的根源，这个错误等于没有从根本上解决，下一次还有可能再出现。

怎样才能改变这种现状呢？我们应该把评价中心由结果评价转移到过程评价上来。着重评定学生得出结论的形成过程，找出这一过程中的长处与不足，肯定其长处，指出其不足。这种针对性的、动态的评价能使学生获得分析问题的能力，并将这种能力运用到其他阅读中。这样的评价才是真正的有效评价，评价不是为了判断对与错，更重要的是教给学生一种思路，激励学生进一步学习、发展的愿望。

（四）评价结果的发展性

评估的基本目标是推动发展。因此，在评估中要重视学生的需求，强调其激励和调节作用。激发欣赏是促进学生进步的动力，学生期待着个人的阅读价值。评价要充分调动学生的内在发展动力，使其不断提高，使其自我价值得以实现。

# 第四节 个性化阅读教学的实施

## 一、尊重"原始阅读"，使学生对文章有个性化的原始理解

重视个人阅读，充分发挥个人的人生经历与知识的累积，在积极的思考与情绪活动中，得到别样的感觉与体验，从而深刻地反映出阅读的本质。新课改的一个重要理念就是"以学生为本""以人为本"的阅读教学，鼓励学生自主理解文本，让学生自由思考，培养探索和创造的精神。教师应抛弃自己的理解，让学生进行个性化的原初阅读，也就是用自己的眼光、自己的理解去解读自己的作品，从而得到个人的理解。我们要意识到，教师已经知道了文本，而学生却不知道。只有掌握了学生的基本认识，才能进行下一阶段的教学工作。教师要了解、纠正和拓展学生的初始经验，并以学生的初始经验为基础，进行生成、引导和训练。

比如：在人教版第 5 册《林黛玉进贾府》的教学中，我就让学生看课文，并鼓励他们下课后看《红楼梦》，根据自己的理解，对文章中的一些重要人物进行评估。许多学生对王熙凤的评价，都是习惯于玩弄权术、逢迎奉承、见风使舵。不过，有一位同学说，王熙凤的应变能力是一种求生的能力，要成为这样的家族管理者，必须要有良好的人际关系。另外，从《红楼梦》的不少故事中，还可看出王熙凤治家、管理能力强。把那样一个大家族里的大小事务处理好并不容易，尤其是在给秦可卿办丧事时，这一特点得到了充分体现。这样的个人感受可以看作是个人独特的阅读经验，这样的理解是有其合理性的。

文章阅读所产生的认识，本来就是仁者见仁，智者见智。教师应放手让学生进行原始阅读，关注学生的主观认识。为了让学生的原始阅读更加

有效，有必要在学生个体独立思考的基础上，深层次研读。

**二、以学生实际为本，采用多种教学策略深入研究**

（一）问题策略

在个性化阅读教学中，首先要让学生提问，让他们自由表达，再由其他同学讨论交流，形成一致意见。因此，问题一经确立，便可决定整体的教学内容及教学过程。

1．培养学生的质疑能力

如今，对于文本提问，很多学生都答不上来，提问的能力也很差。古人云："学者贵质疑，小疑则小进，大疑则大进。"因此，在提高学生的个性阅读能力的同时，还必须加强对学生的提问。

如何培养学生的质疑能力呢？

（1）提供形成问题的智能基础

在学生的认知结构中，要想获得新的知识，就必须具备相应的基本知识。因此，在教学中培养学生的质疑能力，教师就要引导学生积累高中生必备的知识。除课堂外，还要引导学生进行大量的课外阅读，多体验生活，以扩大知识面。这样，学生的知识积累多了，自然会对新知产生疑问。

（2）教给学生如何质疑

笔者认为，培养学生的质疑能力可以分为两个层次：一是由"无"到"有"，引导学生了解问题。

对于一篇论文，不管是题目、关键词或似有矛盾之处、文章的结构，都要从无疑到怀疑，多提出一些问题。

比如：《为了忘却的纪念》，如果要求学生仔细阅读这个主题，就会产生这样的问题："忘却是忘记，纪念就是怀念，忘记和怀念难道不是自相矛盾吗？”在讨论之后，这个问题得到了一个明确的答案："忘却"的特殊意思是"从悲伤中解脱出来，让自己放松"。"为了忘却"是一种难以忘怀的感情，这两年来，"我的悲伤和愤怒，时时刻刻都在我的心里。"第二，对烈士最好的缅怀，就是勇往直前。唯有将悲伤化为力量，方能勇往直前。第三，缅怀先烈，将他们的言行、声音、笑容，都记录下来，就是要让他们的名字，永远地留在人们的心中，让他们永世留传。从这些问题的剖析中，我们可以感受到鲁迅的言辞之深邃。这样，在阅读时，发现这些矛盾的地方，并引导他们提出问题，可以使他们更好地了解文章的内容。

第二层：挑战常规，引导学生批判性质疑。

《素质教育在美国》一书提到："没有挑战传统，就没有创新。"而一般的挑战，首先要做的，就是问问题。我们应该鼓励学生表达与教师不同的观点，并与作者的观点相异。而当教师为学生的问题难以马上解答的时候，正是教师成功地培养了学生的问题意识。

比如：在教授《鸿门宴》的时候，有个学生突然说出了一个让人始料未及的想法。他说司马迁的这段话与实际情况不符：项伯夜里从自己的大营潜入敌军大营，而项羽一方却一无所知？在双方僵持的时候，有没有可能发生这样的事情呢？项伯回来后，向项羽说了几句好话，项羽难道就不会怀疑他？你怎么会看穿刘邦的心思？刘邦借口上了洗手间，偷偷溜进了自己的营地，这么久了，项羽怎么不知道？怎么会这样？三个问题一出，教室里一片哗然。很多学生都认为很有道理。但是司马迁是历史上有名的人物，他的记载应该不会有错误。于是，我组织了班里的学生，经过一番讨论，最终得出的结论是：《史记》中所说的《鸿门宴》是真的。但是司马迁在叙述这一历史时，却采用了文学的方法，加上了生动的描写和一些细节的描写，在这些方面，也许是因为他的艺术思想不够细腻，所以才会有上面所说的破绽，这就是他的不足之处。"好的问题，比好的答案更有价值。"真正的会学习的学生是能够从学习中找出问题的人。

2. 提出问题的顺序

如何在有限的时间里，解决学生所遇到的各种不同难度的个性化问题？可以分成两个步骤：

第一个步骤：首先，小组成员对每个问题进行讨论。简单的、个别的问题，通常都可以通过团队的成员来完成，而不需要提交给整个班级。

第二个步骤：让学生们在小组里讨论一些比较困难的问题。

小组交上来的问题也是五花八门，这时，教师要迅速做出整理，选择出与当前阅读内容密切相关的问题按照一定顺序排列出来。这个顺序可能是从易到难，也可能是按照课文内容板块分别列出，还可能是按其他逻辑顺序。教师要将这些问题以一定的顺序呈列给学生，那些与当前阅读内容无关的问题可由学生课下讨论。这样就避免了讨论的盲目性和混乱性，能按照学生的认识顺序展开思考。

总之，语文教学应该是开放的，"问题"是开启学生思维、促进学习开放的一把钥匙，教师应设置情境，引导学生更好地提出问题，并带领学生寻幽探胜，渐入佳境，形成自己的个性化认识。

（二）对话策略

《普通高中语文课程标准》认为，阅读教学是学生、教师和文本之间的对话。在进行个性化阅读教学时，要充分认识到学生的主观能动性、不同的阅读需要和独特的阅读心理。这个对话的过程包括两个层面：

1. 师生与文本的对话

在阅读时，读者往往会把已经存在的"前结构"带入作品中，与其进行沟通。它以文本的内涵为指导，通过思想、情感和想象的方式对其进行创造性的阐释，最终形成对文本的高度个人化的理解。

可见，阅读不再是过去知识传递的简单过程，而是思维碰撞和心灵交流，共同创造的动态过程。在这个过程中，我们鼓励学生质疑。

2. 读者与读者的对话（师生、生生）

学生在与文章的交谈中提问，然后再进行读者和读者的交流，这是一个重要的个性化阅读过程。

首先，要注重学生的独特性和经验，鼓励学生根据自己的阅读习惯来表达自己的观点，并培养他们对作品的理解能力。在阅读文学作品时，不能一味地追求标准答案。

其次，作为媒介的教师，其思想深度和审美水平一般都要比学生高。教师可以引导学生从文本主体的丰富内涵中，充分发挥学生的主体性、主动性和自主性，即教师、学生、文本之间的双向对话和互动，从而真正地实现学生的主体性。

总之，读者与文本对话的过程就是个性化阅读过程的开始，生生、师生对话是师生在此基础上，将自己阅读文本的感受共同交流的过程，内容上是阅读对话的延续。在此基础上，实现了个性化阅读教学。对话的过程是一个由两个人的观点所形成的、互相了解的过程。这一次的视界融合，并不是一方对另一方的妥协和模仿。

（三）合作学习策略

在个性化阅读教学中，教师与学生之间的协作是非常重要的。因为学生们在协作时心理氛围比较自由和轻松，学生们可以大胆地和教师们交流，从中获得启发。此外，在这种友善的同学关系中，无法了解问题的学生可以自由地发表自己的观点，并能使他们有勇气和自信地表达。合作学习的成功关键在于学生之间的信任和友善，他们用同辈的方法来提问和寻找答案。要使合作学习更有效，必须考虑以下因素：

1. 教师要相信学生之间的合作学习对教学有很大帮助

《普通高中语文课程标准》在"实施建议"中指出："合作学习有利于在互动中提高学习效率，有利于培养合作意识和团队精神。"从语言的角度看，优秀的语言作品都是具有很强的美学个性的。不同文化、不同知识储备、不同个性的学生，个性上的差异是显著的。这正是协作学习的先决条件，即互动互补，人人参与。通过合作，可以借助别人的智慧来丰富自己，可以接受别人的意见来改正自己，使自己从自我的阅读性格中找到共同的一面。它是一种高效的教学方式，将会在语言教学中取得质的飞跃。

2. 教师要懂得学生的能力和需求

如果是太困难的问题，就算是合作，也未必能解决。教师要挑选出学生们在发展区域内的问题，让同学们进行讨论，并进行协作。同时，也要兼顾教师的教育需求、学生的心理需求。教师要想有效地促进课堂教学，首先要明确学习目标，了解学生的需求，合理安排合作学习。

3. 对合作学习结果进行科学评估

学生们在一起学习，形成自己的观点。有些观点是对的，有些则是片面的、不完整的，甚至是错误的。我们都知道，教学评估是以学生的发展为目标的。所以，教师要尊重每个学生，发掘每个人的长处，耐心地帮助他们找出问题的根源，用鼓励的语言让每个人都相信自己，特别要尊重他们的合作学习的过程和效果。

合作学习是一种以人之长，补己之短，可以提高学生对课文的认识。

总之，教学方法是师生联系的纽带，师生潜在力量在共同的教学活动中为实现教学目标而得到最大程度的发挥。课堂教学活动是动态的，只有综合运用多种教学方法才能适应生成性的课堂。经常运用的阅读教学方法有讲授法、提问法、讨论法、情境法、自学法、练习法等。任何一种教学方法都是既有它的长处，又有它的不足。教师就是要综合运用多种教学方法之长，追求最佳的教学效果。教学中没有一种适合一切教学活动的教学方法，必须是多种教学方法的综合应用，才能唤起学生的求知欲，达到理想的教学效果。

教师和学生的潜能都要通过共同的教学活动来达到教育目的。课堂教学是一种动态的过程，要使各种教学手段结合起来，才能更好地适应生成性的课堂。在语文阅读教学中，我们常用的是讲授、提问、讨论、情景、自学、练习等多种方式。任何一种教育方式都有其优点和缺点。教师要充分发挥各种教学手段的优点，以达到最优的教学效果。

### 三、教师要正确引导学生的个性阅读

同一读者在不同的阅读阶段，不同的经历等，都会形成不同的理解，但是，其客观蕴涵是相对稳定的。因此，在教师心目中，应该用一把尺子来测量学生的个性阅读。在实施个性化阅读的过程中，教师要注重以下几点：

（一）注重对学生个性的认识，对教学活动进行细致的设计

个性化的阅读教学，不仅仅是让学生去听课。在理解学生个性的前提下，把课文教学变成一种有效的、艺术的活动，使其在活动中得到发展和

提高。比如：在讲授《邹忌讽齐王纳谏》时，首先请同学们阅读课文，再讲一讲自己最初的感觉，许多同学对于邹忌和徐公的对比感到困惑。在此基础上，教师设计了一项教学活动：让学生仔细想一想，在文章的内容结构中，隐藏着一个数字。再让同学们看看这篇文章中到底有几个"三"。排好"三"，整理文本，表达自己的观点。最后，小组讨论，教师指点。该活动以课文为基础，培养学生多方面的综合素质。应该说，学习语言是每个学生的养分，教师应该把学生的积极性调动起来。

（二）参与生本对话，发挥首席作用

学生的知识终究是有限的，无法自己解答课文中的全部问题。在教师的艺术指导下，学生与人之间的对话深度发展是必不可少的。这就需要教师在对话中起主导作用，正确地指导学生的理解，引导他们按照阅读的规律来理解文章，并以开放的、动态的结构来把握文本。同时，教师也要引导学生根据自己的感受，通过视觉化的方式，让学生主动、富有个性地进行阅读，并能不断地启发学生的创造性思考和批判性思考。举例来说：我在讲授《琵琶行》的时候，请同学们探讨白居易和琵琶女为何会有同样的命运？同学们讲了很多，我和同学们总结出了两个人的共同点。在教师的参与和指导下，学生对知识的理解更有条理且深入。

个性化阅读教学应具有产生与预设相结合、探究与接纳相结合、自主与引导相结合、过程与结果相结合。教师在社会中的地位与角色是不容忽视的。个性化阅读教学是在教师的指导下对学生进行个性化的、有目的的、高质量的学习行为。

# 第六章 高中语文个性化阅读教学应用策略

## 第一节 发挥教师引导作用

### 一、发挥教师的人格魅力，引导学生的阅读个性

教师是学生的学习对象，是学生的表率，要想让学生进行个性化的阅读教育，就必须要有自己的个性。教师要有鲜明的教学个性，就必须通过不断的学习，广泛吸收名家的优点和特点，并在具体的教学实践中，根据自己的特点，形成独特的教学风格。教师要敢于展现自己的个性。如果有吟咏专长的教师可以突破传统的背诵诗词教学模式，可以设置诵读选修课程，传授诵读方法，引导学生将诗词当成歌来演唱，使学生在歌唱中感受到诗词的意境和语言的美感。由具有个性特点的教师所开设的阅读课，将为学生带来别致、有趣、赏心悦目的魅力。在教师的人格魅力的潜移默化之下，使学生主动寻求个性化的阅读，并主动地表达自己的个人感受。

在个性化的阅读教学中，教师应具有个性化的阅读能力。教师仅仅根据阅读材料和阅读测试的标准答案进行分析，缺乏阅读思维、审美体验和个人阅读素养，无法培养出具有阅读个性的阅读能力。在个性化阅读教学中，教师改变了单一的单一教学方式，将教材分析后逐个传授给学生。在阅读课堂中，教师与文本的双向互动、师生双向互动。如果教师自身的阅读能力较弱，不重视阅读教学的理论知识，不经常地阅读，不深入地了解阅读测试中应该培养的是怎样的阅读能力，那么，教师的阅读教学就会变

得枯燥乏味，教学效果也会变得很差。教师具有个性化的阅读能力，培养出具有个性化阅读能力的学生。

**二、教师积极引导，创造适合学生个性发展的课堂**

（一）课程目标的多样化设计

教学目标是引导课堂教学的起点和终点，它能调节师生间的互动关系，使教学目标更加科学、合理。

在设计教学目标时，要根据学生的性格特点和作品的类型特点，要充分考虑到教师的知识积累、生活经历、情感倾向、思维方式等因素，以及各种作品的取向和特点，摆脱单纯的知识传授和技能学习的目的，从知识与能力、过程与方法、情感态度与价值观三方面进行设计。教师可以根据自己的教学经历和自己的感受来设定教学目标，从而掌握教学进度，掌握课堂节奏。教学目标的成功与否，主要取决于学生的兴趣和接受，无论一个教学目标的设计多么完善，如果学生不愿意听课，任由教师给学生灌输，那么在阅读课上，教师的讲解也会让学生不知所措。

阅读教学的目的之一就是要使学生能够读懂各种读物。通过对不同单元的教学目的与学习方式的探讨，探索教材编者的思想，并针对不同单元的教学重点进行探讨。教师针对不同的内容、不同的班级、不同的学生，制定个性化的阅读教学方案。教师根据不同的阅读材料和课堂阅读的特点，设计出不同的教学重点和重点，让学生在不同的内容中采取不同的阅读方式。在课程安排、教学资源配置、学生实际阅读能力等方面，对学生的个性化阅读教学进行科学、合理的设计。在教学内容上要有选择，课时也要根据单元的课时而定，有些单元可以采用单元导读法，具体到每个阅读课都要进行优化设计，如：导入、问题设计、教学活动管理、作业评价等都要体现不同阅读课的特点。

1. 在阅读教学中应重视教师的个性化设计

教学设计的内容主要有：确定教学目的、教学方法的选取、教学流程的制订。教师教学设计的好坏，对学生的学习有很大的影响。为此，教师必须改进自身的教学设计，改变传统的教学方式，灵活地使用各种教学手段，以激发学生的学习兴趣。

个性化阅读教学应改变固定的教学模式、单一的教学方法。千变万化的教学设计，突出学生的个性化教学设计，让每一个问题都能引起学生的兴趣，引导学生的思考，让学生热爱语文、善用语文。比如，在课文导入这个环节中，许多教师觉得导入环节既浪费时间，又不能有效地提高教学效率，所以都是开门见山，不能引起学生的注意和兴趣。好的引导能激起学生的好奇心，并牢牢地抓住他们的注意力。因此，在教学过程中，要充分考虑到教材的特色，结合学生的实际情况，对教学过程进行细致的规划。课堂导入的方式有多种：活动导入、情境导入、激发导入、以旧导入、直观演示导入、设置悬念导入等。此外，在题目的编排上，教师要把握好要点，分清轻重缓急，不要把一大堆问题扔到学生面前，使他们一头雾水，思想陷入混乱。教师可以通过设计问题的方式，使问题影响到整个教学。比如在《祝福》的教学中，可以提出以下几个问题："为什么祥林嫂是一个没有春天的女子？"根据这一问题，学生们归纳出了如下几句话：迎春，她死了，她的丈夫死了，她被卖改嫁了，她失去了她的儿子。春暖花开是一个美好的时间，祥林嫂却在每个春暖花开的时候，都会遇到一次倒霉的事情，所以说，祥林嫂是一个没有春天的女人。

由此，我们可以看到，在此主问题的引导下，同学们对《祝福》的主要情节、内容进行了总结，从而避免了课堂上不必要的提问，充分调动了学生的自主意识，从而为学生提供了个性化的阅读环境。因此，个性化阅读教学的第一要务就是强化个性化的教学设计，它要求教师在教学过程中充分考虑到各种因素，不断提升自身的教学设计水平，才能让个性化阅读教学焕发出耀眼的光芒。

作为阅读主体的学生，他们对自己的阅读活动有着自己的需求。而教师不能代替学生，因此，在设计教学目标时，应鼓励学生积极参与。这就需要教师加强对课文的预习，将学生在预习过程中可能遇到的问题进行总结，筛选出具有普遍性和特殊性的问题，与全班同学一起探讨，以问题为导向，由师生共同探讨，最终确定教学目标。这种教学目的是为了满足学生的主观需要，同时也符合学生的现实需要，能够充分调动学生的主体性和主动性，从而提高他们的阅读兴趣。

（二）积极参与，营造良好的学生自主学习环境

在高中阶段，由于课后作业较多，课外阅读活动较少，因此，良好的阅读课堂对实施个性化阅读是非常有益的。

在个性化阅读教学中，教师应从"满堂灌""教师串讲"式的课文解析，向分层式的阅读教学模式转变。阅读教学是教师与学生的共同努力，而非教师对文本的理解。教师的阅读教学具有完整的组织结构，而学生的学习活动却是分散的。因此，教师的教学活动往往会影响到学生的个人阅读能力。教师应该放下自己在课堂上的威严，俯身聆听，多给他们一些笑容和掌声，对他们所提的观点，无论深奥或浅薄，都要一视同仁。《普通高中语文课程标准（实验稿）》指出："教师要创造良好的阅读教学环境，创造阅读的有利条件，重视学生的阅读态度、阅读需求、阅读心理的独特性，

尊重学生的个人观点，鼓励学生批判质疑，发表不同意见。"

　　在课堂阅读教学中，教师要运用多种教学方法，激发学生的积极参与。通过提问来激发学生的学习兴趣。教师按照班上的阅读能力来设计层次式的提问，课堂组织要围绕着所有的学生进行，而不仅仅是针对个别的问题。教师在分组讨论，面对面交流中，要正确引导，不然，学习就会一盘散沙，不清楚交流的目的，与教学目标失去联系。在课堂教学中，教师要充分发挥学生的主动性，把学生从学习的对象转变为学习的主体，引导学生自主获得知识，学会迁移知识，提高阅读能力。教师可以利用多媒体的方式，利用图片和音乐来营造教学环境，使学生能够更好地理解文本的内容。

　　教师要鼓励学生大胆提问，包括对教师的讲解、其他学生的观点、作者的观点、教材的缺陷等方面，但是要让学生有足够的时间去思考。学生要充分地预习，才能深入文本，用心体会文章的美感和深刻的意蕴，从而提出有意义的问题。翻转课堂的成功之处在于教师的指导与学生的主体性，教师在课前为学生提供与课文有关的知识，并向他们提问，让他们有充足的时间进行预习。教师会组织同学们进行讨论和判断，并在课堂上随机提问。教师不会直接回答他们的问题，而是将他们的问题分类，集中于同学们的讨论，用他们的集体智慧来解决问题。这种课堂就像是学生自己的课堂，教室里的气氛很活跃，很有价值，学生们可以在解决问题的过程中，完成教师提出的难题，学生通过自己的学习来促进教师的教学，从而达到教学的目的。

　　当然，翻转课堂要求教室配备多媒体、网络和学生使用的工具（平板电脑、移动电话等网络设备），这在一些欠发达地区的学校里是很难实现的。我们不必拘泥于上课的形式，但是可以学习怎样让学生表达自己的想法。如果有些中学教室没有多媒体，学生没有上网设备，我们可以在教室周围增加几个黑板，学生可以在课堂上把自己的答案写在黑板上，教师还可以和学生们进行讨论。同学们可以把自己遇到的问题记在黑板上，让同学们一起讨论和学习。这也是一种简单的课堂翻转方式，这种方式虽然不能像网上那样迅速地进行翻转，但也可以利用更多的时间来活跃教室的氛围，提高学生的自主性，增进师生之间的交流。

### 三、构建多元化的课堂教学评价，促进学生个性化发展

教学评价是课堂教学过程的重要组成部分，对提高教学水平有导向和监控作用，可以检查学生的学习情况，诊断教学过程中存在的问题，反馈学生的学业水平和发展需求。个性化阅读教学中，需根据学生的个性差异和个性化阅读要求，构建多元化的教学评价体系。教学评价服务于教学，构建多元化的评价体系能促进个性化阅读教学的实施和发展。评价方式要多样化，可以灵活运用考试、成长档案袋、活动表现、成果展示、行为观察等评价方式多角度评价学生阅读能力的发展情况。

评价主体要多元化，在评价中，教师、学生、家长、学校都可以成为课堂教学的主体，可以从教师评价、学生自评、学生互评、家长评价、学校评价等多个角度全面、真实地衡量学生个性发展情况。评价内容的综合化，除学业成绩外，还要关注学生的道德情感、人生信念、生活态度等方面的成长。对不同类型的阅读作品，学习能力的评价要有所侧重，如对文学类阅读作品，侧重评价学生对作品的整体把握、艺术形象的感悟和思想价值的独特解读；对实用类阅读作品，侧重评价学生对作品的筛选和处理能力；对论述类阅读作品，侧重评价学生逻辑分辨和抽象思维能力。

语文是一门综合性较强的课程，语文知识来源于生活的方方面面，教

师要扩大学生的语文学习空间，积极开发语文学习资源，对学生进行潜移默化的熏陶。首先，教师可以在班级里设置"语文学习角"，把能增强学生知识和能力的课外书放在知识角里，也可以让学生把自己看过的书放在这里供其他同学分享，这样既拓宽了学生的知识视野，也能增进师生、生生间的交流话题。其次，以班级为单位定期开展"语文读书交流会"，活动可以采用指定书目和不定书目交流的形式，让学生分享自己对指定书目的不同观点或不同书目的独特体验。通过活动可以更好地激发学生对阅读的兴趣，增强学生对汉语言文字的热爱。教师还可以通过让学生写影评或书评的形式，发展学生的逻辑思维能力，加深学生从阅读文本时的情感体验，也有助于学生个性的塑造。

标新立异往往容易让人对其产生"另类"的想法，因此教师要在班级里创造一个宽松、自由的学习氛围，要有允许学生出错的态度，减轻学生的心理负担。教师首先要用宽容的态度看待学生的奇思妙想，给学生足够的耐心，对学生异想天开的想法给予正确引导，鼓励学生大胆地设想；其次，教师还要引导学生树立正确的个性化阅读观，在其他同学发表个性观点的同时，要引导和教育学生学会尊重他人的观点，并积极寻找材料去佐证其观点的合理性。教师要鼓励学生的独立性和创新精神，并采取多种形式支持学生以不同的方式来理解事物，要让学生正确认识到语文学科本身的多样性和开放性，引导学生摒弃传统的思维定式，大胆地分析和探究文本的丰富内涵。教师还要主动与学生交流，积极发现不同学生的个性潜能，多鼓励和赞美学生，增强学生的自信心。

建立多元化的教学评价体系，其目的就是为了监控课堂教学取得的阶段性成效，为学生的学习情况和发展潜能做出全面真实的评价，也可以反思教师自己的教学行为，为教师开展下一步教学，改进课堂教学方式和调整课堂教学过程提供参考信息，以形成更有利于促进学生个性化发展的教学方式方法。

### 四、注重教师的个性化

展现语文教师教学个性，发挥言传身教作用，教风直接影响学风，身教往往重于言教。教师作为课堂教学活动的直接组织和主导者，其知识技能传授之外的个性因素对学生产生的影响作用是显而易见的。

体现教师的教学个性，发挥其言传身教的功能，教育风气的好坏直接影响到学生的学风，而言语教育则是以言为先的。教师是课堂教学的直接组织者和领导者，除了知识技能的传授，其个人因素对学生的影响也是非常明显的。

其影响主要表现在以下几个方面：一是对学生的学习兴趣。除了个人兴趣之外，对教师的喜好也会影响到他们对某一科目的喜好；二是影响学生的学习效果。教师角色权利的使用方式直接影响到学生的认同倾向和接受程度；三是影响学生的学业表现。教师对学生的期望值越高，则学生的学业表现越好；四是影响师生之间的关系。在学生看来，教师既是"被仿效者"，也是"强化"行为的"加强者"；五是影响学生的个性发展。对学生而言，由于受环境的影响，师生关系在其社会关系中占有举足轻重的地位，其内在的向师性使得他们对教师，尤其是自己所喜欢的教师有着强烈的跟风和效仿的倾向。在衣着、神态、字体、爱好、观念等各个层面上，学生通过与教师在知识、个性、精神、道德等全方位的交流中，从而实现自身的发展。

因此，创造一个宽松、和谐、健康的师生关系，对于促进学生的健康个性的发展，具有十分重要的意义。乌申斯基说：一切都是以教师的个性为基础的，因为教育的力量是从个性的源泉中诞生的。个性才能影响个性的形成与发展。有意识地对学生进行正面的个性因素的影响，可以促进学生的学习兴趣、学习效率和动力，促进学生的创新意识和创新精神，促进素质教育的全面发展，促进教育的多元化和开放性。真正有水平有能力的教师总是善于发挥自己的长处，善于利用个性魅力的光芒来调节学生的认识偏差，从而改进课堂气氛，促进学生的个性化学习，提高教学质量，达到教学目标。教学个性是指在教师的教学活动中，将其与他人区分开来的一种非模仿性的教学方式。这是一种创新，是教师在教学过程中"自我"的体现，是个性的体现。教学个性是指教师个人意识强，心理素质健全，有利于教师在教学空间中自由发挥，大胆个性化地演绎教材。

具体的教学实践就是要有自己的教学特色和教学风格。古往今来，能成为大师的，不是只有一个非凡的大脑那么简单，而是要有自己独特的性格和独特的学术风格。有的教师一生都在教书，却只是知识的搬运工，教科书的传声筒。而有的教师则是从知识的领悟，到教的方式，都有自己的特点，可以创造性地组织、智能地使用，并且在教学中形成自己的特色。教师的个性是教师的角色与教师自身性格相结合的，在教育活动中表现出来的稳定的心理和行为的倾向性，不仅影响学生的知识学习、智能发展，而且影响着学生的非智力因素发展，品格的形成和个性塑造。

《学记》一书中就有关于教学用语的详细论述："其言也，约而达，微而臧，罕譬而喻，可谓继其志矣。"教师的教学语言应力求简洁、引人深思、浅显易懂、富有哲理、无需多言便可让学生顿悟，以生动的语言吸引学生。

　　那么，要怎样才能使教师的语言更加个人化？首先，在口语方面，要具备良好的语言学基础，掌握恰当的文法，并能满足学科的科学性，做到准确、完整、严谨；将文字中的情感融入富有感情的话语中；要充分发挥自身的语料库，尽力为学生创造一个情感丰富、表情生动的语言环境。只有在这种情况下，学生才能真正进入文章，理解作者，产生共鸣。此外，教师还可以通过比喻、拟人等多种修辞手段来加强表达能力，激发学生的想象力；设计恰当的提问，巧妙设置悬念，激发学生的积极思维。其次，教师在教学中要恰当地运用一些体态语言，恰当的微笑、眼神和手势，可以使师生关系更加紧密，并在不知不觉中产生影响。最后，要注意在课堂上的文明用语，以免对学生造成不良影响。

　　教学是一种艺术，而艺术是一种美丽的个性的张扬，一位有个性魅力的教师能够形成一种独特的、有强烈的美学意识的教学方式。"个性化的语言教师－个性化的语言教学－个性化的学生"是实现语文个性化教育的必然选择。

# 第二节 学生学习方式的个性化

　　个性化的阅读教学以学生为学习的主体，而学生的自我发展则是由教师来培养的。教师是学生学习的组织者和指导者，在教师的指导下，不断地进行自主学习，不断地发展自己的个性。

## 一、引导学生实现个性化阅读的学习角色转换

　　强调阅读教学中的学生主体作用，培养学生的阅读理解能力、解释能

力、自主学习能力。在进行个性化的阅读教学时，要把阅读的兴趣和教师的教学技巧相结合。阅读教学既要培养学生的阅读能力，又要培养学生的阅读兴趣。学生对另一种类型的阅读有浓厚的兴趣，而对另一种类型的阅读类型则没有多大的兴趣。不同国家、不同文化背景对阅读学习的影响较大，在教学中，学生的阅读水平存在差异。在个性化阅读教学中，教师要引导学生改变自己的阅读方式，而不是让他们自己去读。学生的阅读被限制在课文内容，在课余时间里玩网络游戏、追星娱乐，而不愿在课外阅读有益的文章。一些上了高中的同学，还不懂中国四大经典，不知道曹雪芹是男是女，在缺乏阅读量的情况下，很难做到个性化的阅读。一些学生在阅读教学中，依靠教师的分析和解释，将教师的讲义记录下来，而不是主动地参与到课堂中，与文本进行对话，阅读考试依靠的是参考答案，而不是提问。教学活动的文本是一定时代背景下，作者表达的思想情感。文本的语言严密、抽象或者凝练、多义性，学生阅读经验积累不足，不能深入探究文本，也不能形成自己的个性化阅读能力。学生对自己阅读效果，很大程度上把教师作为唯一评价主体。加上学生在高中阶段的学习有选拔性，不可避免地会产生竞争，许多学生不愿与他人分享自己的读书经历，担心被别人超过。

　　教师在阅读教学中，把阅读活动与学生的阅读经验结合起来才能使学生在阅读教学或者阅读活动中提高自己的阅读能力。在阅读教学活动中，加强学生之间的合作，学生在教学分组探究时，阅读能力可形成互补。高中阶段的学生具备了一定的阅读能力，对文本的内容、作者的观点、表达的情感等有着自己的认识。阅读教学或者阅读活动，不是以阅读测试的成绩高低为唯一评价手段。学生在阅读文本后，学会反思自己对文本的理解，哪些理解是符合文本意图的，不符合文本原义的理解是主观性猜测还是自己的创造性理解。阅读文本需要的阅读经验是否都具备了，获得了哪些阅读能力的提高，还缺少哪些阅读能力。学生在不断地反思中，个性化阅读能力才能得到提高。

在个性化的阅读过程中，学生必须集体阅读。因为学生的阅读能力不同，所以在阅读活动中，学生之间要进行合作，才能提升自己的阅读能力。通过对课文的分析，可以使学生对课文产生更多的兴趣。在阅读过程中，学生的理解，既是教师传授的，也是学生自主学习的结果。学生的自主性学习将促进其原有的阅读知识体系的更新与提高。在阅读过程中，学生受到了传统的阅读方式的影响，养成了背诵知识、倾听教师的分析与总结的习惯，而不能依靠教师的教诲，死记硬背教师对文本的解析，要有自己的探究理解。在个性化阅读教学中，教师逐步转变了学生的阅读习惯，强调了学生的自主思维和探索能力。教师要对学生的观点做出评估，对无法解答的疑问进行指导和分析，并总结出在讨论中所要掌握的阅读技巧和技巧。

## 二、教会学生自主制作阅读计划

高中学生已经有了独立阅读的能力，他们对自己的阅读对象有很强的个人喜好，可以根据自己的喜好进行自己的阅读。学生的阅读量和内容的丰富性决定了他们的知识积累，在阅读过程中，他们很难表达自己的意见，甚至会产生无言以对的现象，这主要是因为他们的阅读积累不足。通过指导学生按照教学实践制定相应的阅读计划，从而增强学生的阅读能力。在此基础上，提出了对学生进行定量化的阅读规划，并根据不同时期的特点，制订相应的阅读方案。《普通高中语文课程标准（实验稿）》对学生的阅读需求提出了"学会正确、自主地选择读物、读好书、读全书"，"充实自己的心灵、提升自己的文化品位"。课外阅读五本或更多的文学作品，总计150万字。

从高一起，教师可以在《普通高中语文课程标准（实验稿）》的课外读物中，指导学生制定一个整体的高中阅读计划，并指定一定数量的经典作品。在完成整体阅读计划后，再对学生进行具体的分步阅读计划，具体来说，可以是学期、月、周的阅读计划。每一个计划都要有一个时间表，具体到每个月，甚至每周都要完成的事情。阅读作品的选择，可以是一个作者的多个作品，也可以是一个人的不同的作品，或者是关于同一个话题的不同作者的作品。计划的读物种类要多，包括古代和现代的诗歌、小说、散文、戏曲等。在完成了学生的阅读计划之后，教师要对其进行归档，并对其执行情况进行及时检查，不然，再好的计划也不过是一场空。在教师的引导和引导下，学生能够顺利地完成自己的读书计划，从而使他们的阅读能力得到提高，知识的积累也会变得更加丰富。而在学习过程中，他们可以找到比较的对象，通过比较来体现个人的理解和经验。通过不断地开展阅读活动，可以使学生形成良好的阅读习惯。

**三、培养学生良好的读书习惯**

习惯是通过不断地锻炼而养成的，它是经验和能力的基础。高中生在进行阅读时，往往会先看一遍，不会的时候懒得去找工具，不会作注释，也不会有任何的节选和读后感。教师指导同学们勤于翻阅工具书，自己解决问题，对经典句子进行注释，记录临时性的感受，从优美的段落中摘录出一些富有哲理和启发性的句子，并写出自己的感想。引导学生在阅读过程中，运用古代的注释方式，把读者在阅读过程中产生的灵感和感觉，都记录下来。注释阅读既是一种积极的思索与探索，又是一种个人化的阅读。

在阅读时，学生利用自己的经验与生活经验，与阅读作品及作者进行交谈，并在作品上划线、书写评论，这不仅是对阅读作品的亮点，更是对文本本身的诠释，烙印了思考的轨迹。教会学生运用各种批注方法，例如对生词、重点语句等基本知识的基本注释，对作品的评价式批注，写下理解、解惑、情感体会的体会式批注，由阅读作品将知识迁移拓展的联想式批注。教师可以每周内安排一次读书，让学生在学校的图书馆或阅览室里按照自己的喜好进行读书活动，并请同学们写下自己的摘录，以免忘记；教师还可以根据所读文章的种类和章节的需要，安排学生对所选的文章进行有针对性的摘录，并将其整理成自己的阅读笔记，供大家交流与演示。

在阅读后，引导学生形成读后感。写作是对阅读的反思，是对自己思想的一种凝聚。写得愈多，愈能让学生更深入地思考，愈能体会到更多的经验与情绪。教师在阅读过程中应逐步进行，不能操之过急，要有耐心、有毅力，引导学生养成阅读和写作的良好习惯。初学者在读完后，可以先从浅尝辄止的读后感入手，然后从优美的文字、结构、作者的观点等角度，通过文字的形式来表达自己的想法，也可以降低标准，比如文字中的一些词语、段落的感想，字数可以减少到 200 字以内，鼓励学生将自己的经验写出来，尽量做到言简意赅，不能虚伪。学生可以不断地写出自己的感觉，从而建立起写作的自信心，并促使他们多读几本书。在学生有了写作的基础上，教师再引导学生阅读有深度的作品，从艺术特色、文化内涵、时代影响等方面进行论述，并指导学生阅读优秀的文学评论。

经常进行读书和沟通。可以通过班级定期组织阅读交流会，也可以在学校举办读书活动。通过组织同学们的阅读活动，展示他们的阅读方法、阅读习惯、阅读过程中的快乐和个人的感觉，让他们看到个人阅读的成效，从而影响到其他同学的阅读,分享自己的观点,共同提高。在教室里教语言,最后要达到不用教师教的效果,要培养出一种不用教师教学生就能自己阅读的能力。

**四、个性化学习方式的特点**

《基础教育课程改革纲要（试行）》指出,要树立一种全新的学习方法,即"引导学生质疑、调查、探究,在教师的引导下主动、富有个性地学习"。《语文课程标准（实验稿）》在此基础上,提出了"积极倡导自主、合作、探究的学习方法"的新课程思想。在学习过程中,应注意学生的个性和学习需要,尊重学生的好奇心和求知欲,充分发挥学生的主动性和上进心,倡导自主、合作、探究的学习方法。

（一）强调自主性

学生总是把自己的知识、经验、思考、灵感、兴趣带入课堂,从而使得课堂的学习更加丰富多彩、多变、复杂。要保护每位同学的学习热情,让他们质疑课本,超越教师。要淡化教师的说教,提倡独立阅读、自由阅读和创造性阅读；鼓励独立写作、自由表达、表达个性。教师的角色主要是指导、启发。重点在于文本的关键点、过渡衔接和表达的精彩,要让学生自由检讨,让他们在个性张扬的过程中,尽情地享受学习的乐趣,让每一堂课都能变成一种无法复制的热情和智慧的有机结合。个性化阅读教学的关键在于强调学习者的自主性,即"学习者为师",没有人可以包办替代。自 20 世纪 80 年代初期钱梦龙先生倡导"三主四式"的语言教学模式后,以"三主四式"作为学习主体,已经形成了一种普遍的认识,以学生为中心,强调学生的自主性。但实际情况是,思想和实践的严重脱节,学生的主体性严重缺乏。个性化语言教学需要充分调动学生自主学习的积极性,使学生真正掌握自己的语言。要使学生了解语言能力是人类精神生活和物质生活的必要条件，而语言学习又是人类发展的根本。所以，要让学生对语言的学习产生浓厚的兴趣，从而使自己的语言学习成为一种自觉的行为。所以，学习语言是由学生自主完成的，应该给学生创造一个轻松的学习环境。自需、自愿、自为、自由是个性化阅读学习的体现。

（二）强调探究性

从学习方法上讲，个性化的语言学习是以自主探究为基础的合作探究。探究是人类认知世界的一种行为，它的心理基础是对知识的好奇与探索。作为一种学习方法，个性化语文教学更注重以学生自主探究为基础的合作探索，而自主探究则是其先决条件。我们不可轻视学生的才能，更不可急于求成。"低估学生的潜力，比估计过高还恐怖。"语文探究式的学习，应将文本、自然、社会、自我等作为探究的目标，用社会调查、实地观察、专家讲学、课堂讨论、查阅资料等方法探索问题，获取知识。

（三）强调合作性

教学是一个相互作用的过程。从传统的知识传授者，到促进学生成长的助推者，从教育的主体转变为"平等的主体"。对于教师来说，课堂不是没有意义的牺牲和浪费时间，而是生命活动、专业成长、自我实现的方式。对于学生来说，课堂就是心灵的自由、个性的张扬、创造性的展示。教学是教师和学生的一种幸福的人生。在教学中，教师要引导学生制定学习目标，创设教学环境，激发学生学习动机，培养学生学习兴趣，引导学生掌握学习策略，使学生成为学习的一员，与学生进行交流。

（四）强调体验性

"体验"是一个人作为人的和谐发展、整体机能的基础。语文教学是对学生进行语言学习的实践活动。实践活动的重点在于"参与",而"参与"可以分为"主体接受"和"体验"两类。在以往的教学过程中,教师只关注知识的传授和灌输,而学生却只关注知识的吸收和积累,知识脱离了学生的生活,缺少了情感的熏陶,导致教学脱离了学生。学生作为学习的主体,教师是指导者,知识是接受对象,两者都是客体。主客体无法自然地融合在一起。在语言学习的全过程中,学生学会了概念、判断、推理、原理、规律、机械记忆、背诵、模仿等等,都是主体的接受性的参与,是接受主体的求真,是对逻辑的认识,对人类的知识性、技能性和实效性的追求。而主体的经验参与,则是对经验主体的追求,其价值取向是对人的道德、人格的产生。以往的语文学习,注重学生的接受,而忽略了学生的体验参与。经验是人对人生意义的掌握,是对知、情、意、行的内在、历时性的经验、体认和印证。只有通过感知、情感的总动员,全功能的、身心的活动经验,才能触动和塑造人类的心灵。

也就是说,只有通过生活体验、自然体验、社会体验、生产体验、文化体验等多种体验,才能形成学生个性。语文个性化的学习过程,实质上就是在主体的接受性参与下,走向主体体验式的参与,从而升华和超越所学到的知识和主体性。

（五）强调开放性

如果把语文知识局限在教科书上,一味地应付考试,只能扼杀学生的学习积极性。大语文观指出,语文的课程资源十分丰富,除了课本以外,还可以利用的资源有：报刊、电影、电视、广播、网络、讲座、演讲会、辩论会、研讨会、作文比赛、朗诵比赛、戏剧表演、图书馆、博物馆、报廊、各种招牌、广告等;自然风光、文物古迹、民族风情、国内外重要事件、学生的家庭生活及日常生活话题，也都可以成为语文课程资源。课程资源的广泛性，更需要教师具有开放性的思想，把大语文观引入语文教学，拓展语文的学习与应用范围，把语文由教室引向校外，由校内引向家庭、社会，通过参观、考察、访问、调查、探究、分析、比较，让学生在丰富多彩的实践活动中，学语文、用语文。在教学过程中，要把教学的综合性与跨学科的教学有机地结合起来，使学生能够在教学内容与方法的交叉、渗透与融合中拓宽自己的眼界，并通过实际探索来提升自己的学习效果。

**五、语文个性化学习培养的措施**

**（一）提倡个性化阅读**

个性化阅读是一种以普通阅读为基础，通过阅读文本获得知识的固定个人风格的一种文化行为。个性化阅读是学生在语言教学中的个性化表现。实现个性化阅读需要教师给学生提供一个民主化的阅读环境，在这个民主化的阅读情境中，允许学生制定力所能及的阅读目标、选择自己喜爱的阅读内容、运用自己擅长的阅读方法，在此基础上鼓励多元解读。"多元化"，顾名思义，是指从不同的视角、不同的层面去理解文本。由于生活经历、情感体验、思维方式、认知水平、切入角度、阅读目的等因素的不同，必然会造成阅读方式的多样性。

叶圣陶先生在他的《文艺作品的鉴赏》中谈到了阅读教学，他说："字是一座桥，读者在桥的一端，作家在桥的另一头。通过这座桥，我们的读者可以和作者见面，不仅可以见面，还可以理解作者的情绪。"叶老以生动、通俗的比喻，对读书的真实含义进行了深入浅出的阐释。阅读是一个学生怀着感情走上语言之桥，与作家见面，触摸作家的心灵，与作家无声对话，获得智慧经验与情感的过程。阅读活动本质上是读者与文本（含作者）在一定语境中的对话与交流，文本的意义在这种相互交流中诞生。阅读过程是读者与文本的互动过程，是读者与文本之间的提问、回答、质疑、反驳、肯定、批评等过程。阅读的效果是读者与文本双方所达成的一种视觉上的融合。阅读行为是指两种意识的重叠，也就是读者的自觉与作者的自觉相一致。在阅读的开始，文本以它的"召唤结构"向我们发出召唤，不断在各个层次向读者提出不同的问题，阅读对话是指读者和文章进行的一次交谈。无论是教师还是学生，都是如此。读者与文字进行交流，是为了了解和创作。在这种对话中，读者的"现实视界"和"历史视界"会不断"融合"，形成新的"视界"。通过这种方式，对话成了读者与文本、现实与历史、现代文化与传统文化之间的桥梁与纽带。在谈话中，双方表达自己的观点和看法，不是要消灭或者说服另一方，而是要让双方都表达自己的看法，从而使彼此都能被对方所影响。意思的正确或错误，并不取决于阅读和文字，而在于理解的双方。阅读理解的过程是：阅读时会从"前理解"（原来的知识体验）中去理解，而当这种理解与原文的含义一致时，就会被"同化"；当理解与语篇的含义不同时，就必须进行"顺应"，以达到对语篇的创造性理解。真正的读书，是一种与读者的心灵交流。阅读的确是和"友人"在精神上的一次碰撞。它的神奇之处，就是能跨越时空，与相隔万里的"友人"对话，并且可以随意挑选，仅与"友人"打交道。这是一种心灵的自由沟通，一种思想的对话和碰撞。所以，看书就是交友，就是朋友之间的交谈，其实就是一种文化、精神的传递。

《语文课程标准》强调："尊重不同的人的不同，并鼓励他们自己去选择合适的学习方法。"在阅读中，学生的自主性越强，其阅读过程就越能体现出他们的个性。所以，教师要真正将阅读的自由、阅读的权利、阅读的时间、阅读的乐趣都还给学生，使他们能够主动地、充分地、愉快地阅读，并在阅读中理解、体验和思考。

### 1. 提倡自主选择

充分尊重学生的选择权利，重视学生的个性差异，满足他们的阅读欲望，激发他们的内心感受，运用他们的思考方法，让他们在阅读中得到充分的自由和快乐。

### 2. 提倡自主体验

给学生充足的阅读时间，珍视学生独特的情感体验。心理学家拉英曾经说过："你和我的经历对我来说是无法想象的，我和你的经历也是一样，我们彼此都认为，经历就是人与人之间的不可见。"对同一事物的感知往往表现出强烈的个性化与独特性。可见，体验是不能替代的，具有独特性。能够使学生在学习中逐渐形成鲜明的个人意识，对文本有自己的看法，并能站在不同的角度来思考问题，虽然不一定全面、恰当，但学生却成了学习的主人。

### 3. 提倡自我反省

自我评估是提高学生自我反思、自我调节和自我提高的重要手段。在对学生进行自我评估时，要善于引导学生对自己满意的学习成果进行反思，并从中吸取成功经验；对自己较为满意的学习成果进行反省，发现自己的不足与遗憾；通过对自己不满意的学习成果进行反省，了解如何提高自己。改变了传统的"记忆式教学文化"，即学生被动地接受和存储信息，并遵从信息。让课堂教学变成一种"思维文化"，鼓励学生进行有意义的质疑，促使他们提问、探究假定、寻找理由。

（二）实施个性化作文

实施个性化作文强调从张扬学生个性出发，试图打破对学生写作的各种枷锁，实施较为开放的教学。实施个性化作文关键在于"放开"。在掌握了一定的听说、读、写的基础条件后，每一位同学都要根据自己的性格和兴趣，充分利用自己的专业特长，使自己的个性得到发展，从而形成一个要求一致、个性独立发展的良好局面。在写作过程中，教师要充分尊重学生的自主与个性。这个世界是如此的美好，有高山、有蓝天、有河流、有湖海；人生的复杂性在于它的喜怒哀乐，酸甜苦辣。教师不能用自己的意见去说服学生的意见，也不能用自己的思想去同化学生的个性。"师道尊严"或许正是造成作文教学失败的一个主要因素。所以，在作文教学中，要充分体现学生的主体性和个性。

1. 倡导学生在作文中张扬个性

作文要广开言路，要敞开心扉畅所欲言，要大胆地表达眼前的世界和内心的世界，让自己的灵魂尽情地释放，让心跳弹奏出真正的旋律。

创意的立意要善于运用求异思维，避免趋同，使作品具有鲜明的个性。由于思维方式的限制，在现实生活中，学生在面对一篇论文或一篇材料时，往往会产生一种惊人的趋同性，这种作品的主体会失去自我，失去个性，怎么可能让人一见难忘！"文章最忌跟随人后"，要写出"不随人后"的有个性的作品，就要敢于创新，打破固有的思维模式，找到新颖独特的洞察。

在选题时大胆运用新的素材，避免趋于成熟，使作品具有鲜明的个性。写文章不能没有事例，但是我们在写作文时，发觉许多同学选择例子时会非常接近：说到好人，就说雷锋、焦裕禄、孔繁森；说到孩子的教育，也就是孟母三迁、岳母刺字、孔融让梨；说到爱国，就有文天祥、林则徐；

说到刻苦读书，说到意志和机会，就说张海迪、华罗庚、爱迪生、爱因斯坦、居里夫人。这些老生常谈，没有什么新意。抛开那些惯用的范例，选择那些能让人眼前一亮、心跳加速的新范例，一定会有意想不到的结果。新的事例，应当体现在事件、生活、感受、体验等方面，这些新的事例，是阅读者从未见过的，它会让文章更美，给人以惊喜，最易出彩。怎么做？首先要拓宽自己的阅读领域，关注社会和国内外的热点问题，为自己的写作储备"例源"，写作时要做到"问渠哪得清如许，为有源头活水来"。第二，思维要灵活，不要拘泥于陈腐的思维方式，要多思考最近的热点、新鲜的人物、新鲜的读物，用例子的突出，彰显自己的写作风格。

在表达上，要力求语言生动、独特性，避免趋同主义，使作品具有鲜明的个性。语言是写作的基础，语言的质量直接关系到一篇作品的品位。语言是最生动、最具个性的，然而，由于学生的书面语长期受文法规范的制约，在日常的写作中又缺乏锻炼，导致语言贫乏、干瘪、缺乏自身的经验。语言永远都是一本正经、平淡、老练、呆板；或做作，空话套话，表达不出其独特的性格。语言的鲜明，归根结底是语言的创新。因此，生动的语言并非随波逐流、拾人牙慧，而是韩愈所谓的"词必己出""务去陈言"。语言要生动、有个性、真实：把自己的感觉记录下来，把自己的经历写出来，把自己的观点表达出来。语言要准确、要有韧性、要有吸引力、要让人喜欢。刘勰认为，文学创作要表现出作者的深厚情感，"以情为本"，以"情"为基础，以"情"作为创作的先决条件。情感是人的个性特质之一，写作离不开真情，作文要唱出"心灵之歌、心灵之音"。叶圣陶认为，文学创作必须"求真求诚"。因此，教师应鼓励学生在写作中表达真实、真诚、真挚的情感，表达自己的内心感受和经历。

2. 创造自由、轻松的写作氛围，为学生开辟个人空间

转变习惯，放宽时间限制。在传统的写作教学中，"题"通常是教师出，"意"是教师所定，并在一定的时限内完成。这种写作方法适合于应试，但是与写作的自然法则不符。大量的实践表明，在有限的时间内进行作文练习，可以有效地提高学生的作文能力。但是，这只适用于一小部分的学生，很多人写不出什么来，只能靠自己的努力来完成任务，很难提高自己的写作能力。要使学生在轻松的心态中真正展现自己，就必须突破原来的写作模式，采用与写作规则相适应的方法。具体来说，就是让学生尽量适应受试者的性格特点，在安排好作文（非命题作文）之后，给予学生观察和感悟的机会，将作文扩展到课余时间，为学生创造一个自由的时间和空间，让学生自由表达自己的情感。

改命题方式，放宽题目的范围。教师们可以抛弃惯用的一人命题的陈旧方法，采取以学生自拟题目为主，师生共同命题为辅的命题形式。让学生自主思考，创造一个广阔的想象空间，使同学们能把自己的生活和思想联系起来，随心所欲地写作。通过这种方式，学生的写作思维方式将不会受到束缚和限制，他们会自然而然地敞开自己的心扉，展开想象的双翼，在创意写作的天空中自由飞翔，成为"自我"的统治者，改变过去"人云亦云"的习惯，写出真知灼见、真情实感的好作品。在命题的时候，可以采取师生平等研讨、共同制作的方法，使得命题的过程变成比较鉴别和提高思维水平的一个过程。在讨论中，所确定的主题，既能激发学生的创造性，又能激发他们的想象力，还能充分发挥他们的个性特征。一般不使用判断性的命题，尤其是对质性的问题。另外，要注意主题的广泛性、趣味性，让作者有联想、想象的空间。

改进教学方式，让学生有更多的发言权。作文批改一直是个难题。实践表明，教师对作文的评价有特殊的权利，不管是对学生进行细致的修改，还是粗略的修改，都不能引起学生的兴趣。我们可以让学生独立自行评估和修正。在"当家作主"的思想下，学生的学习热情高涨，对教师的批改比教师的批改要有效得多。

改变讲评方式，放宽评判权。运用学生自我评估和他人评估的方式，使读者和作者通过作品"对话"，作者阐述了自己的原因和看法，并解释了自己的看法和原因，使他们在交流中不断地提升自己的写作能力。评语写作主要是短文，评语部分是辅助性的。我们都知道，每篇作文都不可能是十全十美的，每一篇都有自己的缺点，也总会有自己的亮点。因此，用整个作文来做讲评，不仅不公正，而且效果也不好。所以，我们对作文讲评的重点是对短文的评价，不管是对是错，都要做到有理有据。这样既能激发学生的创作积极性，又能提高他们的自信。

（三）开展语文综合性学习

语文综合学习是以语文课程为基础，在教师的引导下，自觉地利用学习、生活、社会实践等各种课程资源，创设具体的情景，利用已形成的听、说、读、写能力和所学的各科知识，采用自主、合作、探究等学习方法，解决生活中的某些问题，使学生在尝试解决问题的过程中激发学习语文的兴趣，发展语文能力、获得实践经验，逐步形成主动探究、团队合作、勇于创新的精神与能力，全面提高学生的语文素养和个人综合能力。全面的语言学习打破了以往学科的封闭，使学生进入一个动态、开放、多元的学习环境。它不但扩大了学生的学习场所和学习内容，而且还改变了学生的获取途径和途径，让他们在自主、合作、探究的过程中形成了自己的个性。

1. 指导学生对学习内容的个人化

教学和学习是相互影响的。在语文综合学习活动中，题目的设置不应由教师来决定，而应首先考虑学生所关心和所感兴趣的问题。所以，在学习的题目上，要注重从学生的兴趣、经验、条件、能力等方面选择，这一题目可以是课堂上的，也可以是课后的。教师要给予学生足够的自由发挥学习的空间。当学生的兴趣被激发后，他们就会投入所有的精力。主动地进行调查，并获得更好的结果。那么，怎样指导学生在语言教学中选择个性化的学习题目？语文教学大纲强调："初学者应具备对周边环境的好奇，能就所感兴趣的问题发问""能向学习及生活提问""能解决有关学习及生活的问题""能提出有关学习与生活的问题"。这就为我们指导学生寻求全面地学习这一课题提供了指导。开展综合语言教学，其主题的产生途径有三种：

课堂扩展：在课堂上，教师是培养学生全面的语言能力的主要场所。在新课标思想的指引下，选题应着眼于促进学生的发展，注重学生所熟知的体验，注重与现实生活相结合，拓展学生的眼界，增强学生的综合语言能力。在语言教学中，教师应充分运用课本，借助语言材料，扩大课堂教学空间，指导学生确定学习的主题。比如学习《毛遂自荐》之后，可以让同学们自行组织一场招聘活动，由同学们"毛遂自荐"，扩大他们的社会意识；在学习了《守财奴》之后，组织同学们就如何看待财富，建立正确的金钱观念开展讨论。

学科关联：综合性学习是一种跨学科性质的学习，它的含义超越了人文社会科学，也包含了其他的自然科学。语言学科是一门全方位、多角度、多层面、多维、多学科的综合性学科。因此，语言的知识与能力应该与其他学科的知识、能力相结合。所以，在确定综合学习的题目时，应突破传统的学科框框，使学科边界变得柔软，使学生能够从语言与其他学科的关系中找到综合学习的主题，通过学科间的互相渗透，使学生的知识与能力得以融合。学科间的联系方式可以多种多样，比如：可以将语言学科与美术、音乐横向连接，并围绕相关的话题朗诵诗歌、绘画、歌唱等，从而提高学生的综合语言能力。第二个途径是以主题为基础的综合学习。该方法立足于学生的实际生活，选取不同学科间的知识链接为主要内容，并结合相关的学科知识，在实际操作中，首先要将相关的学科知识集中到一个平台上，再结合各个领域的研究主题，形成一个完整的知识体系。语言学科与历史、地理、生物等学科的融合，拓展了语言的学习与应用范围，使知识与技能在不同的内容、方式之间的交叉渗透中得以融合。

生活诱导型："语言的延伸与生命的延伸。"要改变传统的语言教学只注重知识、不重实践的缺陷，需要借助实际的语言资源，建立内外联系、内外沟通的语言教育系统。这个世界日新月异，教师要充分发挥学生对周围环境的好奇心，细心地观察和思考生活中的各种问题，从而激发他们从生活中获得综合的学习主题。活动的范围很广，可以是政治、生活的意义、对学生的兴趣、对文学的研究、对学校、地区、国内外的重大事件的探讨。"语言在生命中无处不在"，借此机会，让学生走出家门，走出校园，走进社会，从日常生活中学到语言，再把它应用到日常生活中，这才是学生学习语言的最基本目的。

2. 指导学生制订个人学习计划

一旦选定了学习的题目，教师就会教他们如何设计出最适合自己的课程。在综合学习计划的制订上，按照不同阶段的认知特征，通常会有一个从扶到放的过程。在语文教学中，教师要让学生全面了解语言学习计划，主要内容有：课题名称、研究人员、研究目的、研究内容和方法、研究步骤和时间安排、研究预期的成果。通过制订学习计划，提高科研的针对性和计划性。根据小组的人员构成和课题，制订各自的学习计划。

3. 指导学生进行探索活动，以学习计划为中心

在确定了学习计划之后，教师要对学生进行探索。这是语言综合教学中的一个重要环节。

要切实强化组织，注重活动的记录和累积。在指导学生制订好学习计划后，教师要督促他们按照计划的进度，循序渐进地进行各项活动，并定期填写综合学习活动的记录表。活动记录表格记录了学生的每一次活动，让他们真正体会到自己的进步，了解自己的能力，能够极大地提高他们参加各种活动的积极性，发现每个活动的缺点，在以后的活动中进行改善，这样才能使他们的学习更加健康。

教师在督促学生做好课堂笔记的同时，也要强化对学生的辅导和教学的反思。在教学中，应注重对学生进行因材施教、收集、整理、追踪、掌握材料由零到多的全过程。如有需要，应及时向学生提供相关的资讯渠道，或提供现成的资料，以帮助他们掌握通过互联网、图书馆、人际交往等方式获得资讯的方式和方式。教师要用不同的方法来展示学习的过程与成果，可以是剪贴画、报告、展板、主题演讲、相片、小报，甚至是磁带。每一次的教学活动结束后，教师都要就活动的完成情况、存在的问题和缺陷提出自己的意见和建议，并对自己的教学情况进行反思，与同学们进行沟通和反馈。

4. 指导学生进行沟通和交流

在完成了学习活动后，教师要抓住机会，适时地指导学生进行交流和共享。交流的目的并不在于衡量综合学习成绩的好坏，而在于提供一个坦诚的倾吐机会，启发思想的碰撞，并在聆听中分享自己的收获和经验。交流与共享的成果，既有研究报告、改革建议、图片资料等，也有实践活动的过程与内在经验。比如在研究中遇到了什么困难，克服了什么困难，运用的方法。此外，在进行交流和分享时，可以根据某个小组的演讲内容向同学们提问或者提供意见，这样整个交流过程就变成了一个探究、学习和反思的过程。这样的交往与反省，不仅是对学生自身发展的一个重要机会，而且还能促进他们相互帮助、自我教育。

（四）提倡个性化作业，做到批改"人性化"

现在的语文作业受高考的影响，大多是综合性的练习，在一张试卷中往往包含字音字形辨析、病句修改、成语使用、阅读理解、古文翻译、诗歌鉴赏、仿写扩写等等，内容众多而繁杂，求全而忽视学生个别的差异。作文批改更有千篇一律之感。高考作文评卷往往是看头看尾看中间略扫一遍就打出分数的，所以许多教师要求学生的作文一定要开门见山，结尾点题，中间罗列事例。这样的教学方式使语文课堂死气沉沉，只能教出整齐划一毫无个性的学生，乃至于语文教学效果"少、慢、差、费"。然而我们毕竟还是在应试教育的大学习环境之中，抛弃考试而空谈个性化教学是不切实际的。我们可以改变作业的方式，改变批改的方式，多一些"人性化"的设计，在讲求考试成绩的同时，追求"个性化"的作业布置。例如古诗文作业，可以做诗文赏析，或朗读录音，或名句竞背，或争当名家名篇的"一字之师"等；对于文学名著片段，可以齐诵、独诵、分角色朗诵，还可以改编成剧本进行表演，写阅读体会等；对于一些能引起众多学生兴趣的话题，可以布置成长期作业，让学生一期完成专题论文或调查报告。作业的评定不可机械用学分统一规定，可以使用分数加等级的评价方式，并尽量使批改"人性化"，尤其作文评语，采用简短而富有个性的评语应该是最可取的方式。

## 第三节 文本解读

从不同角度理解课文，既可以促进学生的思维，又能满足学生对阅读教学的期望。但是，在实践中，很少有教师从不同的视角来理解文本，而要做到个性化阅读，首先要做到的就是多元的理解。

多元解释论是 20 世纪后期我国教育界引入的一种观念，它源自西方的"读者中心论"，其实质是对西方文学理论中读者中心论的进一步发展。传统的"作家中心论"和"文本中心论"忽略了"读者接受"对文学解读的重要性。因为不同的阅读对象具有不同的价值观，所以即使是在同一个时期，同样的文化背景下，读者之间也存在着各自的性格差异；不同的心境，不同的知识储备，同样的阅读对象，其阅读效果也会有差异。它对人类认识产生了巨大的影响，它对长期处于机械唯物主义、狭隘功利主义的统治下的文学界产生了巨大的冲击。

从不同的视角、层次上对经典文本的解读，往往会产生不同的效果，而在阅读过程中，学生会根据自身的知识结构和人生经历，产生自己的理解和观点。建构主义学习理论认为，学生并非是被动地接受新的知识，而是以现有的知识经验为基础来构建新的知识，由于每个人的现有知识和人生经历都不尽相同，因此，他们在阅读过程中难免会产生不同的感觉，会对课文的内容有自己的看法。中学语文教科书所选的文章涉及各种类型的文体，一般而言，实用类和论说类是不适合个人化的，而文学类则是最具多样性的。因此，个性化阅读教学的主要着力点应该放在文学类文本的阅读上。

## 一、文学类文本的多元解读

### （一）诗歌

一般而言，诗歌语言精巧、形式紧凑，其所蕴涵的情感也是复杂的，对诗歌主题的理解也是最多的。在进行诗词教学时，尽量将作者的生平、创作背景结合起来，从不同的角度进行解读，甚至是将不同的研究成果展示给学生，如果教师在解读的过程中能够吸取前人的智慧，在学习的过程中有所创新，更有利于个性化阅读教学的实现。

以李商隐的著名作品《锦瑟》为例，这首诗历来以其晦涩、缠绵、多义而困扰了几代人，而《锦瑟》的诠释更是一个历史上的难题。孙绍振教授在其《月迷津渡—古典诗词微观个案分析》中对这首诗作了如下分析：李商隐的《锦瑟》是"朦胧诗"，虽然题目是"锦瑟"，但却是以"无题"为主题，与"无题"的组诗相比，其主旨的缥缈和对全局的把握，恐怕是排在第一位的。文学界的许多前辈都为"锦瑟"的诠释贡献了自己的智慧，孙绍振教授列举了许多关于《锦瑟》的古典诠释："咏物"说，"伤唐"说，"色空"说，"闺情"说，"悼亡"说，"自伤"说，"青衣"说，等等。

与李商隐的生平和写作经验相结合，对"锦瑟"一词的诠释更为多样，而第三种解释，是由叶矫然于明末清初《龙性堂诗话》中提出的，"锦瑟"

一词从"无端"开始，到"惘然"。根据李商隐夫人早逝的原因，有人认为这首诗是为哀悼亡妻而写的。还有一些诗评家将李商隐的人生际遇与之比较，将其称为"闺情"。而还有的说法则认为，"锦瑟"一词之所以含糊，是因为这首诗里有一个特定的含义，但并不能完全解释，这首诗所指的，就是令狐楚楚家的青衣。最后一种是对自己身世的哀伤，庄生句付之于梦寐，望帝则托之来世，珠有泪、玉生烟则是说的是自己的失意。

这些说法都是有根据的，但从专业的文学角度来看，这些观点都是经不起推敲的，但也不算太离谱，这是历代学者的智慧结晶。语言教学的重点之一就是开发和提升学生的思维，在语言教学中，教师在课堂上或在学生收集材料后进行展示时，都可以促进学生的阅读和思考。

（二）散文

贫乏的散文理论严重制约着散文的教学，中国现代散文在西方"现代散文"缺乏相应的表现形式，而"西方"的"散文"也与"中国"的"散文"有着天壤之别。中国的散文多以抒情为主，而西方的散文偏重智，涵盖了文学和非文学。

中国文学史上也没有"散文"一类的文学体裁，我们今天所了解的"散文"，是与诗歌相比的，它的形态虽然丰富，但与其他文学体式的界限却非常模糊，比如"赋"，就是一种介于散文与诗歌之间的文体。周作人首先把散文划分为一种独立的文体，但他对抒情的偏重使他的散文理论失去了智性的话语权。林非"真情实感论"认为，散文是一种抒发内心感情和经历的文学体裁，要用最真实的感情去感动读者。

这种观点对语文教学中的散文阅读有很大的影响，在散文教学中，"真情实感"几乎无处不在，但"真情论"在理论上并不能成立。比如《三峡》，郦道元是北朝的官员，当时正值南北朝时期，郦道元无法亲身经历，他的创作材料来源于三峡的大量资料。散文中的真情与诗词相比，到底有什么特点，还需要进一步探讨。散文教学要明确散文的整体特征，把握散文的特点，区分出哪些散文是常见的美学散文，哪些散文属于幽默散文、智性散文，这就需要教师掌握散文的新理论，并在教学中"对症下药"。而对于一般的抒情型散文，则需大量搜集相关资料，加以解读，以厘清此篇文章到底表达了什么情绪，以及作者表达的情绪与其他作家所表达的情绪有何区别。

例如《荷塘月色》这一经典作品。

1927 年 7 月，《荷塘月色》是朱自清在清华大学执教期间所作的一部散文。关于《荷塘月色》的诠释，历来众说纷纭。赖瑞云教授《混沌阅读》一书中，归纳出自 20 世纪 90 年代以来的五大经典诠释：

前两种是政治上的彷徨，早期的人教版教科书就采用此观点，它采取了社会历史批判的方式，并引用了朱自清的《哪里去》《一封信》，认为朱自清目睹了国共合作的失败，中国陷入了白色恐怖之中，这使他惊慌失措。他知道，自己必须做出选择，才能摆脱这种恐惧，但他还是选择了逃避，因为毕竟"妻子儿女一大家，都指我生活"。而朱自清作为一个爱国的知识分子，在面对这种残酷的现实时，却无法心安。钱理群教授也采用了在政治上陷入彷徨这一理论，但钱理群教授的分析比较透彻，引用的材料也比较全面，他的研究方式也不限于对社会历史的批判，而是运用了理解构分析和心理批判。其突破之处，是对朱自清的矛盾心态的剖析，比以前更为透彻；其次，更能准确地把握朱自清的情绪。在此基础上，作者分析、时代分析、文本结构分析等方面进行了较好的融合。之后的教材也是按照钱理群教授的说法，将原本的教材给改了。

第三则是由孙绍振先生所提出的"家庭义务论"，孙绍振先生主张，对作品的诠释要从作品本身去体会其美。根据多元价值观的原理，似乎还有其他的出路。孙绍振先生认为，《荷塘月色》若只以"小资产阶级"的普遍性为基础，就会丧失朱自清的特色；以朱自清平常的心态来解读《荷塘月色》，就会丧失朱自清在"独处"时的心情。《荷塘月色》是作家离开家，离开妻子和孩子后的心情，他清楚地写下了两个"我"，一个是"正常的我"，一个是"超越了正常的我"，这篇散文生命在于"超越了正常的我"，而这正是本文的核心矛盾所在，"超越了正常的我"在享受"孤独的美妙之处"，或者说，"普通的我"无法享有这样的自由。孙绍振先生认为，这篇文章着重于在离开了妻儿之后，得到一种精神上的解放。因为"正常的我"背负着家庭的重担，觉得没有自由，与妻子和孩子短暂的分离，"超越了平时的自我"，体会到"独处"的美妙，获得了短暂的自由。在"妻子长眠许久"的最后，作家从暂时的自由状态回归现实，回归"正常的我"。

第四个理论是"女性美说"，它的代表是余光中。余光中先生首先分析了朱自清的作品中的女性形象，却始终摆脱不了自己的矜持和清贫的知识分子形象，是作者内心的欲望的流露。与朱自清的《桨声灯影里的秦淮河》一书相比较，这种解释就更有说服力了。

上述种种，都是学者们从不同的角度，对《荷塘月色》一书的看法。赖瑞云教授则认为，"强烈的愤怒，无法排解"，无论从文本、时代、作者的背景，都是不合常理的，朱自清是个有情有义之人，如果怀恨在心，未必能写出这样的文章来。我们在解读文学作品时，应该提倡多种解读，抛弃"唯一答案"，并注意防止和纠正"乱读"和"错读"。

（三）小说

在教育中，尤其是在小说中，要摒弃旧的教学理念。到目前为止，无论是在大学还是在高中，只要是讲故事的人，都会提到故事。然而，在故事理论中，人们一致认为，故事是开始、发展、高潮和结局。这种形式化的划分仅仅是对文本的外在形式的一种分割，无法解释其内在的奥秘。这种陈腐的思想早就被文学实践所摒弃，鲁迅《狂人日记》中的故事情节也被完全剔除。它广泛地运用于小说教学，尤其是在叙事诗歌教学中，如《孔雀东南飞》，在古代叙事长诗中广泛运用，开头、发展、高潮、结尾，分别与"兰芝被遣""夫妻誓别""兰芝抗婚""双双殉情""告诫后人"等相关。这种分割方式就像是在展开剧情，而不能很好地考虑到每一段的逻辑联系。小说的教学若一味地用传统的思想来指导，必然会造成教学上的混乱，因此，在进行小说等文学作品的教学时，要注意对故事中的逻辑联系进行分析，找出其中隐藏的矛盾。比如鲁迅的《祝福》，虽然有故事，但却没有什么积极的内容，反而是一种自我解释。如果教学工作只停留在"四要素"的层面上，而不能掌握文章的各个环节的逻辑联系，不能正确地揭示出原文深层的代码，一味地固守传统，听之任之，让它"逍遥法外"，那语文阅读教学就更难以开展了。

鲁迅的作品在中学课本上是"常客"，而鲁迅的名著《祝福》也被列入了最新一期的高中课本，其中不乏《祝福》的解读和教学设计，但很少有人能真正地挖掘出其中的内在矛盾。孙绍振教授对《祝福》进行了细致的分析，他提出了《祝福》的深层内涵是多层面的。首先，封建礼仪本身就是极端野蛮和可笑的，对被害者的压迫也是非常残忍的；其次，这个荒唐而又野蛮的想法，居然得到了大部分人的认可和接受，鲁四老爷、鲁四奶奶、刘妈，都对他的话深信不疑；最后，封建伦理对被迫害者的伤害等同于用"软刀杀人"，鲁四奶奶委婉客气地拒绝了祥林嫂的献礼，差点要了祥林嫂的命，而且，到了最后，凶手都很淡定，根本就没有"吃人"的概念。钱理群、孙绍振等人在对《祝福》进行分析时，均发现了小说中的主角"我"，而"我"则是《祝福》中一条极为重要的线索。

后者则把"我"看成是鲁迅的观点，一个看不见的杀手杀死了祥林嫂，鲁镇里那些麻木不仁的人却没有半点愧疚，"我"则是看得心惊肉跳，鲁镇的居民还不知道自己犯了什么罪，还在忙着准备祭祀，就连那些享用过了牲醴的神祇，也对眼前的惨剧视而不见。

钱理群教授也对"我"这个几乎占了《祝福》五分之一的内容进行了深入而详细的剖析。《祝福》中"我"的故事是一个重要的"极"，而《祝福》则是鲁迅小说中普遍存在的"看／被看"结构。"观众都是无知的普通人，而被观看的人，又分成了两种，分别是《狂人日记》、夏瑜、《药》、祥林嫂。"在鲁镇，"我"以同情的眼光，看到祥林嫂的悲惨遭遇，以及"看客"的冷漠无情。

钱理群教授认为，"我"在鲁镇的社会中，本质上是"异己者"，鲁四老爷，以理学著称的老监生，斥责如今已是一股保守派的康有为为"新党"，但鲁镇的风俗习惯并未改变，鲁四老爷的书房里，还有陈抟祖师所著的"毒"，显示了"我"与中国传统鲁镇社会的不相容。然而，"我"在祥林嫂的最深刻、最尖锐的问题面前，答案却是"说不清"，这个自认为与鲁镇社会格格不入的"我"，觉得自己和中国传统的鲁镇有着密不可分的关系。

更高层次的个性化阅读就是创造性阅读，在阅读教学中，要有"新"，要有不同的感觉，这就需要教师从多个角度对学生提问，不管是被语文课本，还是教师们精心挑选的课外读物，都是经得起时间考验的经典之作，人们对经典的理解，并不是一朝一夕就能完成的，而是需要一代又一代的学者，用自己的智慧去解析。语文教师在备课的过程中，应该在前人的基础上不断前进，要把自己所处的社会环境和学生的人生经验联系起来，使自己的教学内容不断地更新。

## 二、多元有界与个性化阅读教学

曾祥芹教授指出，个人阅读应遵循"因人而异、多元化"的基本原则。《周易·系辞》中的"仁者见之谓之仁，智者见之谓之智"。多元有界指的是，多重解释不可能是无穷无尽的，它有一个限度，多重解释必须在"法律的约束下"才能实现。

读者决定论在社会上的广泛传播，不仅给教育界、文学界带来了很大的冲击，也带来了一定的困惑。在教学实践中，各种不同的看法往往是零碎、不成系统的，忽视了文本的有机整体，对它的认识要从逻辑上做到有序、层次分明。个性化的文本解释并非无的放矢、任意而为。赖瑞云教授在《混沌阅读》一书中就很清楚地表明，多元解读并非胡乱解读。"多元有界"理论对矫正文本个人化理解的错误有着重大的意义，指出了个性化的文本理解存在着一定的界限，而所谓的"读者中心论"并非指消解作者立场，消解文本意义，解构一切。而这种界限的界定，就需要由文学作品的具体阐释来确定了，多重"界"必须具有某种张力，能够经得起不同时期、不同读者的阅读，同时也要有一个限度，不能采用"错读"。

潘新和教授指出，"误读"与"错读"是有区别的。错误阅读是一种主观的、片面地解读，而误读则是一种创作，读者在阅读过程中对其进行理性地认识和构建，是对其话语生命的充分发挥。一味地强调"正读"，只能使语言丧失活力。我们目前应着重于提倡多种解释、否定单一答案的做法，并注意防止和纠正任意乱读。重点是要让学生"纯粹"地自由地去阅读，使他们自然而然地沉浸在作品中的艺术奥妙之中。在奇异的吸引子中游荡，就必然会产生多重有界性的解释。

# 第四节 采用问题教学设计

教师提出的问题既可以激发学生的思考能力，又可以锻炼他们的思维。通过对这些问题的调研，我们可以看出，在问题设计上，教师的视角不够新颖，问题的质量也不高，很难引起学生深入的思考。在课堂教学中，教师要以新奇、深刻的问题为主题，激发学生的思考能力，培养他们的批判思维能力和创新能力。教师在设计问题时，应该先问自己："这些问题是否能激发学生的积极性？"问题的设计得当会对学生的思维和反应产生很大的影响，而当他们的思维和反应能力被调动时，他们的个性和创造力就会被开发出来。

## 一、问题设计的维度

美国学者杰姬·阿克里·沃尔什和贝丝·丹克特·萨特斯合著的《优质提问教学法——让每个学生都参与学习（第二版）》中认为优质问题有四个维度："（1）使学生关注与学习目标和教学标准相一致的重要的学习内容；（2）促进一个或者多个仔细定义过的教学目标；（3）帮助学生在合适的认知水平上进行思考；（4）清晰而明确的用词能够使学生明白提问的是什么。"并且详细地列出了准备优质问题时应该考虑的维度以供问题设计者进行参考：

**重点内容：**

· 问题是否涉及教育标准？

· 问题中的基本概念是否对学生的思维和学习起到了关键作用？

· 学生是否将问题与他们的背景和经历相关联？

· 问题是否具有挑战性，并且是针对最近的发展区域？

· 您是否可以修改问题来改进并加强其与内容的关联？

**教学目标：**

· 您期望问题能推动哪些教育目的？

· 是否可以实现这个目标？

· 问题可以通过哪些途径来帮助学生？

· 问题是否可以达到其他的教学目的？如果可以，那么，它的教学目的是什么？

**认知水平：**

· 问题的认识程度是否超出了教育和学习目的的认识需求？

· 是否要让学生们从记忆层面上去思考，获得满意的答案？

· 你能不能通过变换动词或对认知需要的反思来提高问题的认识程度？

**措辞和语法：**

· 问题是否清晰地反映在学生的头脑中？

· 你的语言是否易于理解？

· 你是否把"思考"这个动词也包含在这个问题中？

· 问题是否包含在有关的学术术语中？

美国学者杰姬·阿克里·沃尔什和贝丝·丹克特·萨特斯都认为，在设计问题时，教师应当注意以下四个方面：重点内容，教学目标，认知水平，语言和文法。上述四个维度以及它们所呈现的内容，可以帮助教师在解决问题时，避免效率低下，并能引导学生主动思考所学内容，从而达到个性化阅读教学的目的。

## 二、问题设计的角度

在个性化阅读教学中，教师要在"新"的问题上"剑走偏锋"，要与别人不同，避免刻板盲从，从而培养学生的个性。

朱光潜在他的《咬文嚼字》一文中写道：佳人皆为柳腰，王嫱西施；文人雅士，皆是博学多才；叙离别，柳岸灞桥；做买卖，端木遗风等等。对于个性化阅读教学也是如此，说起苏轼，就把苏轼冠以"豪放""旷达"，李白为"不畏权贵"，却忘了诗中的李白和散文中的李白并不完全相同。《与韩荆州书》中，李白夸赞"君侯制作侔神明，德行动天地，笔参造化，学究天人。"《上安州裴长史书》和《上安州李长史书》中也有相似的文字，完全没有"安能摧眉折腰事权贵，使我不得开心颜"的潇洒。李白的伟大之处，在于他既以文学为资本，追求飞黄腾达，又在诗歌中保持着自己的精神家园，对现实的超越。若只从诗歌的视角看李白的个性，忽略李白的世俗性，就会导致对李白在认识上的偏颇。

在阅读教学中因循守旧，无法从其他角度分析、设计问题，看到一点负面的词语就大谈"表现出诗人的消极颓废的悲观"，这就无法使学生在阅读中学习独立思考，提高自己的思维质量。尽管语文教师们对课文已经背得滚瓜烂熟，但是如果要从不同的角度来提问，让学生真正地进入到阅读当中，就一定要不断地重复。钱梦龙先生的授课常常能激发学生的学习热情，并能引导他们积极思考，让他们在语言课上受益良多。在谈到他的教学设计时，钱梦龙先生觉得，要迅速地进行设计，显然是不行的。他一再强调，最关键的是要对文本的掌握，要不断地读，体会到情感，体会到文章的精髓，然后再教给学生，反复地思考，从中读出一丝韵味，这样才能让学生从中学到一些有用的知识。

例如《祝福》一文的教学，不少教师认为《祝福》难教，实际的教学效果总是不够理想。如果我们能沉下心来反复阅读《祝福》就会发现，课文可以提出问题的角度实在太多了。

祥林嫂刚到鲁镇干活，人人称她为祥林嫂；我们可以认为祥林嫂嫁给了卫家山的"祥林"，后来丈夫死了，又被逼着和贺老六结婚，所以应该用"贺六嫂"来称呼祥林嫂，但镇上的人还管她叫祥林嫂。这是《祝福》里的一个关键细节，鲁镇的民众并没有同情祥林嫂的悲惨婚姻，而是把祥林嫂当成了第一任丈夫的附庸。《祝福》的整个故事给我们留下了许多的线索，我们可以从许多不同的角度来分析。又如，作者在读《祝福》时，发现鲁迅对祥林嫂、她的婆婆、小叔子的年龄描述都很有意思，鲁迅所描写的三个人的年纪都不像是随意安排的，祥林嫂二十六七岁第一次来到鲁镇，她的丈夫比她小十岁，小叔子十多岁，婆婆三十多岁。在设计问题时，可以根据这些角色的年龄来设计问题，让他们去思考。张心科教授在看完《祝福》之后，也注意到了祥林嫂在卫家山、贺家奥、鲁镇的悲惨命运，却没有提及"家"这个词，也就是祥林嫂的娘家。张心科教授相信，比起无家可归的人，祥林嫂更应该是有家难回。她的家人把她当成了被抛弃的人，夫家把她当成了买卖物品，她不想回到自己的家里，被人轻视，被人看不起。李士侠先生也写了一篇文章，说："为了凸显祥林嫂在封建势力的压迫下，从未享受到春天应有的感受，鲁迅特意把最重要的几个情节，如丧夫、丧子以及自身的死亡都放在了春天，这就充分显示了祥林嫂是一个没有春天的可怜女子。"

这些都是经过反复的仔细阅读和思考才能得到的结论，仔细阅读课本，就能从中找到一条新的道路。

# 第五节 实施多重对话

学生根据自己的知识经历来进行价值判断和价值抉择，在教学中要给学生以自由表达的空间，鼓励他们发表自己的见解，以满足他们的语言表达欲望。然而，在现实生活中，学生的个性表现和教师的对话与沟通状况并不理想，许多学生在表达个人观点方面仍有不足。通过对教师的调查，我们可以看到，在学生的个人意见表达上，以及教师对学生进行个性表达的激励上，我们的教学还存在一些缺陷。中国现有的语言教学模式，始终遵循着相同的教材、固定的分析模式、统一的评价标准，对学生的认知行为进行模式化的训练、规范和制约。教师们的教学基本上还停留在"传道授业解惑"的单向灌输式教学，即"我说，你听"，这是一种不平等的教育方式。要使学生的创造性个性得到充分的发挥，就必须充分尊重学生的个性，保护和鼓励学生的主动性。

## 一、鼓励学生的个性表达

在解释文本的过程中，应该给学生充分的思考和表达的空间，并充分地支持学生提出的个人意见。因此，在进行个性化的阅读教学时，不能以探究作者的意图为起点，"就是因为没有一个终极的、至高无上的权威来阐释文本的含义。"这就给了学生很大的想象和创作空间，教师们可以不发表结论，给学生们一个很大的想象和创作空间。譬如《孔雀东南飞》，就有"嫉妒说""门第说""无子说""行动自由说"等等，对于兰芝被遣送的理由，学生们常常会陷入激烈的辩论之中，这种辩论并不一定能得出一个一致的结论。在个性化阅读教学中，学生是一个主动探究的探索者，教师要充分支持学生的理性观点，鼓励他们大胆地表达自己的个人观点。学生对文本是否有自己的看法是一方面，他们有自己的看法，但又担心自己说错了会被教师和同学们嘲笑而不敢说出来。

学生的思考不再局限于课本，而是将自己的阅读体验和体会结合起来，对原来教师在进行教学设计时没有注意到的一些东西进行了创造性的阐释。在语言教学中，我们不需要遵循作者的意图，而应充分尊重学生解释的权利，并以学生的观点为依据。虽然不同的同学在课堂上可能会有不同的看法，甚至会出现分歧，但在尊重原文、遵循语文教学的价值观的前提下，我们应该充分尊重学生的理性观点，并允许不同的声音出现在教室里。因此，在课堂上，学生们经常会从不同的角度出发，提出自己的看法和看法，这样的课堂讨论，可以让学生们更加主动地思考，而不是得到一个结论。在阅读教学中，学生能自主地思考，提出自己的意见，这是一种创造性思维发展的标志，也是一种成功的阅读教学。

**二、主体间性的多重对话**

"阅读教学是指教师和学生在教科书中选择的文本进行的一种文学阐释。"俞学雷先生在解读阅读教学中的对话性时指出，在阅读教学中，师生之间有一种"主体间"的关系。教师和课文的交叉点是教师的解释性文字，学生和课文的交叉点是学生对课文的预释性，而师生间的交叉部分是师生认知领域内共有的理解图画，而三个方向的合集就是师生文本的理解，这一点无须在教学中多做赘述。

余映潮的《老王》也是一样的，余教师从四个不同的问题中选择了一个角度，让学生有八分钟的思考时间，整个课程都是以对话的方式进行的。余教师的课让学生们能够清晰地感受到师生之间的对话，让他们的理解更加深入。有同学在回答"最后一句话的意思是欣赏"时说，老王物质上很穷，没有亲戚，但临死前，他把自己存起来的油水和鸡蛋都给了作者，要知道，在那个年代，要用票据买东西，而作者却用金钱衡量老王的善意，却让作者一辈子都弥补不了，这让他很惭愧。余映潮先生在这个学生的观点上面揭露了更深层的道理。老王无亲无故，死后被人用一块崭新的白布包住，这在当时可不是那么容易弄到的，所以后来写这本书的人才发现，自己对老王的关心还是太少了。余映潮教师总结道："我和同学们的谈话，不会断断续续地提问，不会歪曲事实，我们会互相交换意见。"

阅读教学并不是教师向学生灌输自己的知识（或教材），而是通过平等对话，加深自己的理解。在阅读教学中，要充分尊重和发挥学生的个性，积极开展平等、多元的对话。阅读是双向的，而阅读教学又是多主体间的。在教师、学生和文本之间进行的主体性对话，其目标并非在对话中寻找正确的回答，而在于通过对话，培养学生的语言天赋，拓展思维的视野，培养思维能力。"很多教育价值观，比如开诚布公的谈话、精神的自由、思维的活动、个性的独立、语言的解释和表达，都是在人们可以畅所欲言、身心自由的谈话空间里进行的。"

# 第六节 追求语文学科本身的个性化

中国的语文教学长期以来存在着一种无意识的将语言学习与人的精神体验分离开来，变成一种空壳的、工具的、载体的技术培训，它与人的生命自我、个性精神相分离，给人的发展和个性形成造成诸多不利的影响。从学习的内容上讲，个性化的语言学习可以分为个性化阅读和个性化表达。因为不管语言的理论多么玄妙，它的本质都是让学生学习阅读、写作、听话、说话，并从中得到一种终生受益的技能。个性化语文教学提倡培养学生的个性化阅读和表达能力，通过二者的结合来提升学生的语言素质和个性。

## 一、个性化阅读

阅读是一种个性化的行为，不能用教师的观点去替代学生的实际体验。这句话有两种意思，一是阅读是学生的一项独立的实践活动，应当由学生亲力亲为，不能由教师来完成；二是阅读这种学生的自我实践活动应当具有个人化的特点，不能用普遍性来掩盖个性。个性化的阅读使学生在进入文本、进入作者内心的过程中，体会到个人特有的情感与经验；个性化阅读注重对学生阅读能力的要求，提倡学生大量阅读，以充实和培养语感；个人化阅读提倡创造性的阅读，鼓励学生进行独立的思考和表达自己的观点。个人化阅读提倡以自主阅读为基础的协作式阅读，使学生能够积极地进行交际，并形成多维的对话。

## 二、个性化表达

个性表达是学生个性心理的一种特殊体现，它包含了文字和口语两种形式。个性化的表现，除其自身的独立性之外，还有三个特点：

（一）真实

个性化的表达必须是真实的。按照课程标准的要求："写出真情实感，努力表现出对自然、社会、生活的独特情感和真切的体验。"学生把自己的感情、经历、人生的真实书写（说）出来，这就是个人化的表现。重视"真"是根治"假""大""空"这一顽症的根本。

（二）求新

除了自主、求真，求新是个性表现的又一特点。在此，求新其实是一种寻求不同的视角、不同的方式。所谓"求新"，就是要追求新的、独特的东西。求新讲究得是独特性，即要求学生用自己的独特眼光去看待问题，用自己的方法去思考，用自己特有的方法去表达。跟风是一种现象，本质上是没有深度的思考。在遇到问题时，要多问几个问题，或者从根源上去寻找答案，或者是一层一层地去剥竹笋，或者反过来，慢慢地学习，这样，学生的作文就会有自己的风格。

（三）健康

仅仅追求真善美和追求新奇是不够的，个性的表达也需要健康。假如说，自主性是个人表现的动力，真实是对表现内容的需求，求新是多元化，那么，健康是追求品位，追求风格。不然，个性虽然突出，但如果写出来的东西让人厌恶，那就失去了表达的意义。

比如《项链》，其自身的角色就具有多样性，通过对角色命运的探索，得到对人生的思考和理解，从而形成正确的价值观念。以今天我们自己的眼光来解读玛蒂尔德，不同个性的学生，往往给出许多新颖的观点，有人认为她很值得同情；有人认为她很虚荣，罪有应得；有人从她的生活，女性的性格特征来解释；有人佩服她的诚信；甚至有人质疑这个故事发生的可能性等等。学生在个性化阅读中，用自己的个性化的表达方式，走进了人物的心灵世界。

# 第七节　语文教学方式的个性化

教育包括三个方面：社会性教育、家庭教育、学校教育。而人的全面发展应该是贯穿于整个教育过程中的。"由于语言教学具有工具性、基础性和人文性，同时又具有较强的生命力，所以它最能使人的通用性和个性相结合，从而产生具有共同特征的优秀个性。"所以，语文教学应当为"个性发展原则"而摇旗呐喊，奋勇向前。如果说，素质教育的本质在于以学科教育来促进学生的学习与成长，那么，"语文与学生的个性发展"就应该是以素质为基础的基础理论，既要从教育理念，又要从教学理念、教学理论的高度出发，还要在新的实践基础上建立自己的理论体系，并在教学中的每一个环节都要以"培养学生的个性"为根本和中心，充分调动各种积极、有效的手段，以提高学生的主动性和创造性。

## 一、观念的更新是重要前提

根据对个性的理解，新课标提出要"培养个性特征"，但目前我国的语文教育实践中，有些教师依然沿用传统的教学方法，让学生背诵"标准"的答案，用相同的语言讲述一个大同小异的故事。没有节奏的生活，只有机械的运动。面对这样的情况，很多教师都觉得是迫不得已。由于统考、会考、高考的压力很大，在考试的压力下，教师在课程的编排、教学方式的设计上往往倾向于急功近利、追求短期效果，而忽略了学生的个人发展。

教育改革要从制度、教材、手段、方法、考试等方面进行全面改革，但要改变教育理念，这是改革的先决条件。要实现语文教学中的个性培养，就要从根本上改变思想，使学生真正地成为学习的主人，要认识到学生的不同，认识到他们的独立。

美国心理学家罗杰斯指出：教师一旦对学生表示尊敬，那么，学生就会从呆板到灵活，从依赖到自立，从防备到自我接纳，从拘束到创新。尊重是学习语言的先决条件，发掘每个人的优点，全面、公正、合理地对待每个人。要提倡学生提问，要敢于提出问题，要有自己的见解，尽量激发学生的求异思维。

总之，教师要从学生的发展出发，培养学生的良好的个性，创造一个积极的、活泼的学习氛围，让学生得到充分的发展，使我们的语言教学焕发出新的活力。

**二、教学突出教材个性是重要环节**

语文教育的途径之一是课堂教学，而课堂教学的主要依据是教材，因此要在语文教育中实施个性培养，必须重视教材中对个性有影响的因素，通过教材内容对学生个性进行整合。完美的文章具有内容与形式相统一，科学性与艺术性相统一的特点。学生在阅读文章时，一方面由于学习它的体裁、结构、技法、语言等可以获得语文基础知识；另一方面又由于领悟它的主旨、情感、意趣等可以获得丰富的人生经验，从而对个性的形成产生重大的影响。

语文课本内容丰富，包罗万象。教师要用真实的感受来展现文本中的一条条真理：从最高的政治伦理，到最低的社会道德，从国家的未来，到个人的瞬间的情绪；伟大的人和凡人，老人和孩子，古人和现代人，外国人和中国人；体会中国人崇尚的勤劳、节俭、宽厚和大度；了解中国和西方国家一直以来追求的独立，自主，创新。引导学生与文字进行心灵沟通，激发其内在的意识，形成自身优秀的个性特质。打破固有的思维模式，培养学生的写作风格。以时代观念和创新意识，大胆、灵活地运用和处理教材，始终以促进学生的全面发展为目标，以课文为依据，充分发挥语文教学的开放性，为学生开拓个人发展和创新空间。

高中阶段的学生，是一个学习知识、学习技能的时期，他们需要一个更好的发展和创新的环境。所以，他们对同样的作品，会有不同的感觉，也会产生不同的想法。根据个人经历、文化底蕴、生活环境、气质爱好等因素，对同一语言的解读和看法也不尽相同。目前，我国的语文课程改革已经开始，开设了一些选修课。

例如，《高中语文课程标准》就设置了五大类："诗与散文""小说与戏剧""新闻与传记""语言文字应用"以及"文化论著研读"。为协助一线教师制定选修课，教材编制者在附录中列出了若干选修课范例。例如：《唐诗选读》《先秦文选》《人间词话》选读等。

有高中语文教学经历的教师们都清楚，过去语文课之所以难教，主要是因为学生对语文课程的学习兴趣不够。本次高中语文课改后，为选修课的设计与开发留下了相当大的余地。其目标是要彻底改变"万人一本、千人一课"的教学模式。在保证了学生共同基础的前提下，为他们提供了多种选择，从而拓宽了他们的眼界，开发了他们的潜力，促进了他们的平衡和个性发展。

在选修课中，要让学生充分自由地学习、思考、表达、扩大自己的兴趣和需求，成为学生个性发展的一种吸引力，而不是仅仅掌握概念、原理，记住教师的结论；学习方法、运用语言、研究语言、文化等方面的能力，激发他们的学习兴趣和潜力，使他们的特长和个性得到充分的发展，从而使学生的语文素质得到全面的提升。

### 三、灵活地采用各类教学方法是重要手段

对语言教育的研究从来没有中断过，因此出现了形形色色、名目繁多的语言教学法。应当说，这些方法的出现都与教育变革、社会变革相关，它们都是在原来的方式中，经过长时间的吸收、融合、成长和变异而获得新生。它们在特定的历史环境中都起到了作用，并有其合理性。面对"培养学生个性"的语文教学目标，本文对其进行剖析、归纳，将会更好地实现语文教学的目标。

许多人开始了新的尝试："自学辅导法""分组教学法""读读、议议、讲讲、练练""导读法""评点法""问题—思维教学法""目标教学法"。这些方法的产生，对"讲解法"是观念上的冲击。与"讲解法"相比，这些方法的共同特点是：由重知识传授向重能力培养转化，由重教师的讲解向重学生的活动转化。尤其是"问题—思考教学法"与"目标式教学法"的教学价值与实质追求，为我们在语言教学中培养学生的个性提供了一种行之有效的途径。然而，任何一种教学方式，若只是一味地照搬、复制，没有真正理解其中的精髓，那么无论多么优秀的教师，都不能完成预定的教学目标。

比如有些教师采取了"问题"教学法，自始至终都在提问，课堂上看上去很热闹，实际上大部分都是"是非问"，根本不需要思考。比如《荷花淀》，教师向学生提问："这篇文章的发生地是荷花淀吗？""荷花淀的景色好吗？""日本入侵者可恶吗？"这样的问题一次又一次地提高了"是"

的声音，使人感到乏味。有些教师采取了"讨论法"，在课堂上随便地提出一个问题，然后把同学们分成几组。这种人造的热情不是天生的，不是爱好，而是"花拳绣腿"，没有感情，没有真正的兴趣，又怎么可能主动去学习？如何真正发挥"主体作用"？什么是个性的培育与发展？比如《荷塘月色》，有些教师组织小组，把朱自清的忧郁和现实生活的忧郁联系起来，表面上大家都很有兴致，把自己的忧愁说出来，结果一节课就成了一节抱怨课，跟课文无关。

　　"教有法，教无定法"，要想培养学生的个性，就要有自己的教学个性，在"大家"层出不穷、"教学法"层出不穷的情况下，千万别盲目跟风。最优化理论的创始人巴班斯基的一个学生曾问过他，"最优化"是什么意思？他的回答是："该讲的讲，该问的问。"简单，朴实，是一种以培养学生个性为目标的语言教学。讲，要反对简单的传授知识，反对冗长的分析，反对"标准"的结论，以限制学生的个性发展。问，要仔细地设计出能够真正激发学生思考、激发更广泛辐射的问题，并鼓励他们提出自己的意见，只要是合理的，就要给予充分的肯定。教师要勇于打破传统思维，容许"混乱""曲解"和"怀疑"的现象，应根据学生不同的生理和心理发展特征，采取因材施教、多运用影响手段、少用控制的方法，创造美好和谐的思维空间，使他们尽情地表达、参与以及创造。

　　**四、在体验中发展个性**

　　美国教育工作者杜威曾说过："耳闻易遗忘，眼见为实，唯有实践，方能记住。"让学生真的动起来，就能带着他们进入一个新的境界，在好奇心的驱动下，产生浓厚的兴趣，有助于思想的发展和个性的发展。

　　培养学生的个性，不仅要体现在平时的课堂上，更要体现在实际的语言实践中，特别是在高中生的表现上，要使他们充分发挥自己的能力，比如：举办优秀习作、剪报等语文作品展、评比；设置欣赏课、谈天说地课、写作课等多种语文活动课；组织同学们组织班级优秀的作品，由同学们担任编辑、美工等，创作一本"优秀作品丛书"，由自己命名，自己设计封面，自己撰写创刊词，自己创作，并定期将自己的作品收入丛中，定期举办一次展览，作为班级的一份壁报；为班级组织表演戏剧；组织一个"小记者团"，对当地的新鲜事物进行采访，等等。这种实践活动增强了学生的个性意识，增强了他们的专长，增强了他们的技能，形成了"百花争鸣"的局面。在语文教学中，社会生活实践在语文教学中占有重要地位。语文教学要艺术化地指导学生将语文与生活、做人、创造相结合，在语文教学中"生活、做人、创造"，在这个过程中学语文。善于培育学生个性的教师，经常会打破教室的狭窄空间，将学生的目光带到一个广阔的世界中，通过跳跃的思想来扩展他们的想象力，提高他们的创作欲望和乐趣。他们有的带领学生到工厂、农村去调查，撰写社区调查报告。在写作教学中，要贴近生活，张扬个性，以自己的眼光去看社会，用自己的心去体味一切，用自己的文字去书写自己的经验和体会。

# 第八节 倡导语文教学评价的个性化

学生学习评估是一项教育评估，是基于学校的教育目的，利用科学的方法和手段，对学生的学习和学习的结果进行评估，并通过评估从而使教学得到更好的改善，从而达到更好的教学效果。在我国教育现代化、学校全面推行素质教育的今天，开展以"以学生为本"的学习评估导向的研究显得尤为必要。

## 一、当前语文学习评价的现状

学习评估是国内外教育界普遍关注的问题。虽然随着世界教育的变革和发展，我国的学习评估也发生了一定的适应性变化，但是它并没有完全摆脱传统的应试教育，从小学到大学，所有的学习评估都是以分数来评判学生的成绩，而不是以能力来衡量。重分数轻能力，重智力因素，忽视了非智力因素，忽视学生的素质、兴趣和特长。由于应试教育的影响，我国的学生学习评估的指导思想、内容体系和评估方式与教学目的之间存在着一定的脱节。教学评估的转换是新课程实施过程中的重要一环，若仅以传统的成绩作为评判标准，势必会给新课改带来一系列消极影响，从而导致新课改难以进行。

## 二、树立发展性评价观

教育部《基础教育课程改革纲要（试行）》"课程评价"一节，明确提出了"构建一个有利于学生发展的评估机制，以提高学生的综合素质。"评价既要注重学习成绩，又要发掘和开发学生的多种潜能，了解他们的发展需求，使他们认识自己，树立起自信心。充分利用评估的教育作用，使学生在原来的层次上得到发展。这篇论述了评价的指导思想，重点阐述了评价的目的和作用。评估是一种教学方法，它的目标是使学生得到发展。在此基础上，教师要担负起这样的使命：既要注重目前的成绩，又要发掘学生的全部潜力，认识他们的发展需求，培养他们的自信心。

在文章中使用"而且"，突出了后三个任务的重要性，其重要性超过了传统的"评定成绩"。"发展性评估"是一种注重诊断、激发、发展的成长性评估。它不只是单纯地以评估的结果为依据，更关注发展过程的演变过程，强调在发展过程中多次、即时、动态地实施评估。提倡将静态评价与动态评价、终结性评价与形成性评价相结合，充分收集反映评价对象发展情况的数据，并通过数据的展示与分析，使学生对该问题有一个较完整的了解，并据此提出具体的、有针对性的改善措施。通过这种方式，使学生了解自身的进步和缺点，可以增强成就感，明确自己的奋斗目标，进而推动学生的语文能力不断提升。

### 三、以学生发展为核心的教学评估策略

（一）多元主体，注重对学生的评估，强调主动性

以往，我们只对教师进行评估，而在课堂上，教师就是裁判，是绝对的权威。这样的评价势必会影响到学生的学习积极性，从而有悖于"以人为本"的目标。新一轮的课程改革提倡多元化的评估，不仅要有教师对学生的评估，还要有学生的相互评估与自我评估。让学生直接参与到评估中去，在学习中去评价，在相互的评估和自我评估中，可以看到别人的优点，并从中吸取教训，不断提高自己，同时也能发现别人的缺点，加以启发，从而使自己成为真正的学习大师。评价成了一个助推器，让学生们学习沟通、聆听、了解、欣赏、创作，使整个教室成为一个充满灵感、充满灵气的地方。只有将别人的评估意见纳入并内化，才能使评估的效果真正发挥

出来。教师和学生之间的相互评价、家长和社会的参与是教师、学生和家长共同参与的互动活动。借由这种交流与磋商，评估自然会尊重个人的不同，认同个人的发展特质，给予每位同学多重评估的机会，让他们悦纳自己，拥有自信，发挥多方面的潜力。

（二）重视过程，以激励为导向，使语文学习的个性得以彰显

传统的教育方法注重学生的学习效果，注重结果而忽视过程。教师对学生的评价大多局限于学生所掌握的知识，很少注意学生的情感、道德和价值观。我们深知，评价应注重学生的综合发展，不应只看成绩，而应注重学生的表现、责任感、自信心、意志力，因为每个人都有自己的优点和缺点，因此，教师要做到扬长避短。这就需要教师在教学中培养和培养学生的潜能，并对其进行激励评价。通过激发学生创造性思维，使学生获得成功经验，激发学生对自身的认知，激发学生自觉、自信和兴趣，进而促进其兴趣、爱好、意志及优秀个性素质的形成与发展。在尊重与激励的评价中，教师与教师之间的关系更加紧密，在培养学生的自信心的同时，也使他们感受到了创造的喜悦。

（三）多元评价，使学生综合素质得到全面提升

当今世界，对语言能力的要求是多方面的，而学生的潜力也是巨大的。新课程的重点是加强学生的综合素质，重视学习成绩，重视创新精神与动手能力，同时重视心理素质、学习兴趣和积极情绪的发展；除了对学生的认知水平，还对学生的行为能力进行了研究，例如：提高作文的开放性，增强学生观察、分析和处理自然问题的能力；要充分发挥学生的语言潜能，就必须加强对语文听力的阅读和说写的考查，课外阅读或活动的考查。通过多种形式的考核，激发学生的综合素质以及语文个性化阅读能力。

# 第七章 在实施个性化
# 阅读教学中应注意的问题

## 第一节 学生个性化阅读的误读

因为读者的期望视域和作家的创作动机、作品意蕴的对话关系是错综复杂的,它可以对应,也可以矛盾。因此,读者难免会对作品有各种"误读"。而误读的情形也很复杂。

### 一、"误读"的合理性

有些具有普遍性的传统,因为其抽象程度很高,其理论覆盖面很广,因此具有很大的填补余地。随着人们的认知水平的不断提高,可以对其进行更加深入、丰富和具体的解释和论证。在这种情况下,误读有时也是对原文的一种更深刻的认识。这就是为什么,有些理论上的高深知识,能够永远保持活力。例如:庄子《逍遥游》的解读,被不同的人赋予了不同的意义,每个人都有自己的时代印记。

如果读者的理解与作者的创作意图不符,又能与原文或生活的客观现实相吻合,则这种误解的出现和存在也是有其合理性的。例如:赵树理《小二黑结婚》里的三仙姑,美国学生理解起来有一种同情的感觉,觉得她爱生活,爱运动,喜欢交男朋友,这很正常。这明显是根据他们的文化观点来评判三仙姑的,是作者始料未及的。

## 二、不合理的"误读"

错误的解读并非全是正确的，由于生活经验、社会经验的相对匮乏、艺术感受力较弱以及与作者、文本的隔阂，使他们在不知不觉中产生了对文本的扭曲，这样的误解是不可行的。

在个性化阅读教学中的课堂上，这种曲解表现形式很多：一定的文化背景影响着读者对作品的接受。

例如：城市里的学生在学习《陈奂生上城》时对陈奂生住进高级旅馆交钱前后的巨大差异很不理解，不就是花了五块钱吗？一会儿就由原来的小心翼翼变得任意糟蹋，这是什么心理？而原来的小心翼翼也让人觉得不可思议。由于城市学生缺少在农村生活的经历，与文本对话时，会产生隔膜。这时，教师就要补充必要的文化背景知识，消除对话障碍，让学生与文本继续对话。

## 三、对言语意蕴的片面挖掘或挖掘不深

例如，对陶渊明的《归园田居》，有的学生只认识到陶渊明对农村田园生活的安宁、满足。教师可让学生反复诵读，使他们体会"误入尘网中，一去三十年"的苦闷与无奈，那种不与统治者同流合污的高洁品质。这样，学生就不只看到陶渊明对田园生活的向往，而是透过字里行间，看到陶渊明对官场的失望，理解陶渊明为了自己的理想而选择的一种生存方式。可见，对文本的把握要全面，透过言语形式挖掘背后的内涵，是文本阅读中的一个重要的原则。

## 四、平时接受的某些知识、观念不自觉地影响学生对文本的理解

例如：读完《项链》，不少学生很快地为女主人公玛蒂尔德贴上虚荣的标签，如果引导学生找她的优点，就使学生觉得对人物的理解不能单一

化，在玛蒂尔德的身上也有诚实、守信、吃苦耐劳的特点。每一个人在社会中都不是以单一的性格而存在的，认识一个人要从多角度来分析。玛蒂尔德就是一个多重性格的复杂的人。

造成误读的原因还有很多，如：对言语的感受力低、情景的隔膜、对词句内涵的曲解等等。

## 第二节　正确把握学生个性培养的价值取向

### 一、语文个性化教学要以培养学生形成良好个性特征

高中语文个性化教学的终极目的是实现高中生个性的健康成长，人的价值的提升。而个性不仅是种种能力的整体结构，同时也是世界观、价值观的体现。在教学中，要注重对学生的良好个性的培养与发展，同时要重视在个性教育中的价值取向。良好的个性，其实质是具有良好的心理素质，能够很好地适应社会的发展和变迁。只有健全的个性，才能与客观的社会环境相适应，并且有利于社会健康和谐的发展，这对于面对就业或升学的高中生尤为重要。传统的学校教学模式以培养学生对统一价值的服从为主，漠视人的个性，这种教育教学使学生的个性受到严重压抑和扭曲，学生内在的丰富的潜能得不到充分释放。改革开放以来，特别是近几年，随着现代教育教学改革的深入进行，人们从原来封闭、压抑的教学状态下解放出来，对以往社会漠视个性、压抑个性的问题进行反思是必要的。但在这一过程中，由于对个性和人的社会性问题缺乏良好的理性把握，在实际生活中，存在着一种极端的倾向，那就是盲目追求个性的自由，从而使个人意

识极度膨胀，从而在教学中形成"以自我为中心"的个人主义，出现学生不尊重教师，不尊重教师的劳动成果，"我"所表现出来的种种"与众不同"的行为，全部被冠之以"个性"。另外，由于长期的应试教育的结果，使很多学生依然抱守着学习好就是好学生的观念，致使成绩暂时不理想的学生容易产生软弱、自卑的个性，从而成为其背负一生的重担，最终可能导致一事无成；而成绩好的学生易产生骄横、固执、傲慢、唯我独尊的个性，使其走向了失败的道路。性格缺陷对生活的消极影响是明显的。

**二、高中语文教学要有赋予个性多方面发展的价值取向**

个性化教学所要培养的个性不是单一发展的个性，不是某一方面得到充分发展的个性，而应该是多方面和谐发展的个性。这样的个性才能显现出个体自身的不断完善性。而忽视或缺少多方面发展的个性教育，不可能促进学生个性的完善与发展。苏联教育家苏霍姆林斯基认为：一个人的发展程度越高，他的个性发展也就会越好。因此，个人的文化修养、兴趣爱好、智慧、审美意识等各个方面都能和谐发展，才能使其内在的文化内涵与修养得以充分体现。所以，高中语文个性化教学所要培养的个性必须建立在全面发展的基础之上。这种全面发展，不是消磨个性，而恰恰是促进个性的完善。

# 第三节 要坚持人的社会化与个性化的统一

人的社会化和个人化是人的两种不同的发展方向。社会化是指个人在社会发展过程中，通过学习社会文化、价值观念、行为习惯等来适应社会、参与社会的过程。这个过程的结果就是将一个人的生物学特性赋予了不同的社会关系，从而形成了具有社会特性的人。因而，人的社会化体现了一个"群"的聚合与共处，它是社会得以凝聚、群系个体的一种重要形态，也是个体自我发展的一个重要组成部分。

人的个性化通常是指个人在社会适应和社会参与过程地表现出的相对稳定的、独特性（也就是个人的各种因素的结合）。其表现形式有两种：一是表现个人与他人的区别；二是指个人在社会关系中具有无可取代的个人存在性，在遵守、服从社会各种规范、参加各种社会活动时，具有独特的个性。人的个性发展，是指个人的自主能力、独立能力、创造能力和自我控制能力的提高。正是由于这一点，个人的个性才具有重大的社会意义。我们重视对学生个性的尊重与发展，但并非否认他们的社会属性。人的发展历程是人的社会化和个人化相结合的过程。一方面，每个人都有自己独特的、难以被系统化的一面；另一方面，由于人的主体的存在，人总是能动地、有选择地接受各种因素的影响，从而找到与别人不同的独特的生命行为与生活模式，进而实现个体的个性化。另一方面，社会对某一特定群体的期望值与需求较为一致，这就使得居住在一个统一系统的群体中的人，在系统地共处，获取共同的体验与行为，从而达到社会化。社会化保证了社会的持续和文化的传承，而个性化则是个体超越现实、改善现实的独特创造力。

　　所以，在强化学校的个性化教育的同时，不能以"个人主义"取代"社会化"，也不能"顾此失彼"。反之，我们的社会将失去前进的方向和动力，同时，在这种环境下所养成的个性也将丧失其生存的意义。但是，现阶段我国学校教育教学在强调个性化的同时，也不能过于偏颇，要从"社会化"和"个性化"的有机结合来把握个性化教学。即在教学中要关注全体学生共同面临的问题和必要的统一要求，要在鼓励学生张扬个性的时候，不忘时时提醒他们作为社会的人，首先应该遵守的共同的社会规范，不能用个性来代替社会性，更不能以个性来抹杀社会性，没有人的社会化和发展，个人很难适应社会、参与社会、自主创造社会，因此，个人在社会中丧失了共同的基础和基本的社会准则。

# 第四节　注意集体施教与个别施教的协调性

　　个性化教学不是单纯地追求适应个体的个性差异，不是用个性化教学来代替班集体统一的教学，更不能因此而取消班级整体性教学，即不能把集体统一的教学与个性化教学对立起来。集体的统一教学是必需的，也是必要的。因为我们的教学毕竟针对的是同一年龄段的中学生，国家对同一学龄的学生在知识上、发展上有统一的基本的培养目标。况且，班级里，在一定时期也有一个基本的发展目标，它要求全体学生都应达到，才能确保班级基本目标的实现。而过去我们过分注重班集体统一的、整齐划一的教学，因而在相当长的时间里，我们的学生不会思想，不会怀疑，更不会创造。这些严重地阻碍了我国社会创新氛围的形成和社会的进一步发展。

但我们今天强调个性化教学，追求个性的自由和解放，绝不意味着否认集体，否认集体的统一教学，而恰恰是强调要在集体的范围内，把个性的培养放在重要的位置，并力争通过在集体中，开展丰富多样的个性化教学活动，促进学生的个性健康、和谐地发展。

此外，在实施个性化阅读教学的过程中，教师应注重广泛地了解、准确地把握学生的个性特点，以做到教学上有的放矢。个性化教学的目标之一，是培养和激发学生丰富多彩的、富有魅力的个性特征。其前提是要准确地把握每一个学生的个性特征，否则，个性化教学就是无稽之谈。这就需要教师从不同的角度去关注、认识每个学生，了解他们的学习方式、兴趣、个性等。然后在教学上，针对学生各自独特的个性，对症下药，扬长避短，教学内容的选择要科学，要有针对性地安排有利于培养学生的独立性和创造性，使学生充分发挥自己的特长。这一要求的前提是必须建立一种平等、民主、合作的师生关系，如果学生对教师敬而远之，就将使教师所有的教学计划化为乌有。教师与学生之间的关系是贯穿于教学活动的最基础的关系，关系的好坏将直接影响到教学活动的顺利进行以及教学目的的达成。在师生关系中，学生只有体验到平等、自由、民主、尊重，同时受到激励、启发、指导和忠告，才会乐于让教师认识他们。毫无保留地在教师面前尽情地展现自己的个性，流露自己甚至不愿让父母知道的想法，这样，就可以使教师了解到学生真实的个性。否则，学生的个性不可能得到充分发展，更多的时候是受到阻碍，甚至导致学生不良个性的形成。

由于高中课程繁重，教学时间紧迫，语文处于一个尴尬的境地，甚至时不时还要为其他课程让路，得不到学生的重视，对此，我们绝不能放松对自我的要求，按部就班地单纯教语文知识更会拉大我们与学生的距离，只有多在教学上下功夫，运用个性化、差异化的教学方式，才可能引起学生的兴趣，从而让学生感受语文课程的独特魅力。

个性化教学是中国当今教育教学改革的一个必然趋势，也是当前我国教育教学改革的客观需要。通过论述个性化教学问题，对当前教学现状的剖析，在教育教学理论的支持下，寻求强化个性化教学的有效方法，真正地去适应和满足学生的个性发展需求。

## 第五节 个性化阅读教学对教师的要求

个性化阅读教学的核心理念是为了每一位学生的发展，这就要求教师树立与时俱进的教育观，具有教学机制，赏识每一位学生。教师应从以下几个方面做起：

### 一、个性化阅读对教师的知识与教学提出了更高的要求

（一）教材内容的综合性、开放性对教师的文化底蕴提出了更高要求

新教材在内容上加入了大量反映社会经济、文化、科技发展的新信息，增强了学科间的交流和整合，使教科书的结构更具学术性和开放性。因此，语文教师要从整体上提升语言能力，广纳各类知识：除了对语言知识的掌握之外，还需要对政治、经济、社会、自然、美学和哲学等等方面有所了解，不要被限制在语文教科书所能提供的有限的知识领域，而应该将视野扩大到超出教材所能涵盖的范畴。如此，教学才能更加轻松。

语文教学中的个性化阅读教学尤其强调教师应有渊博的知识，才能与

学生展开对话与交流。否则，就不能满足学生对教师的期望和对知识的渴求，不能适应新课程的改革。所以，语文教师要有丰富的科学、人文素养，具备深厚的文化底蕴，底蕴深厚的教师才可以创造性地使用教材。

（二）教师要创造性地运用教材，关注学生的个性进展

1. 教师应根据不同的教学目标，综合地选择教材

新课改的最大目标和中心思想就是"以每个学生的发展为中心"，教师们可以根据学生的实际情况来选择合适的教材，课本上的内容不一定要全部讲，课本上的一些简单的部分必须要补充，有些部分甚至要进行专门的研究。这些都是基于学生的培养目的和个性而进行的。

2. 教师要组织学生通过个性化阅读实现教学再创造

以前，课本是学生的天下；如今，全世界都成了学生们的课本。新时代的学生通过各种途径拥有一定的知识储备，并对书本内容、现实生活有自己独特的看法。教师应组织学生个性化阅读，说出自己的观点，不断学习，增强个人综合素质、创新意识，有独立思考的能力。否则，教师就无法对学生的个性化阅读正确引导或合理评价，不能适应新课程的改革。

总之，教师是先进生产力、先进文化的弘扬者和推进者，必须不断丰富知识储备，不断更新已有的知识结构，与时俱进。

**二、个性化阅读教学要求教师有丰富而深刻的教育教学机制**

传统的教学方法非常重视教师的课堂设计。新课改注重学生的学习，要求学生自主、合作、探究，课堂教学是一个动态的产生过程，因此课堂上存在着许多不确定因素。特别是语文个性化阅读教学过程中，学生能畅所欲言地表达自己的观点，随时都会有教师想不到的，甚至是闻所未闻的。这就需要教师面对一些毫无准备的观点，处理得机智灵活，迅速找到解决

问题的途径。不然，我们就会陷入一种难以名状的窘境，更别提要求课堂的精彩了。

俄国教育家马申斯基曾提出，无论教育工作者如何学习教育理论，若没有教育实践，就无法成为一名好的教育工作者。新课标所提倡的个性化阅读教学，需要更好的教育机理，即教师的观察力、思维的灵活性、意志的决断，以及教师的知识积累。没有深厚的知识功底，就无法驾驭这种生成性很强的个性化阅读教学课堂。获得教学机制远比获得语文学科知识困难，它是语文教师的一种综合素质，是一种内在的人生智慧和教学灵性。只有博采众长并融会贯通，不断摸索教育教学规律，才能逐渐获得。

### 三、个性化阅读教学评价要求教师赏识每一个学生

所有以教育为目的的最高目的、最高的追求，都是通过人所创造的精神财富、人文价值来实现个人的发展。这就要求教师在教学中尊重每一个学生的个人价值，因此，我们的评价要从关注"人"的发展着眼，把握如下几个层次：

#### 1．用赏识的态度评价每一位学生的个性化阅读

语文教师的评价应该与学生的评价相结合，用心灵去拥抱心灵，用热情去点燃热情。面对学生个性化的阅读，教师要用赏识的评价给每一个学生以信心和勇气。对学生深刻、独创性的理解，我们不仅要给予赞扬，而且要给他提出更高目标；教师们应该珍惜它的建设性价值，充分肯定他们的点滴长处和进步，鼓励他们充满信心，给他们成功的机会。教师要做所有学生的知心朋友，用赏识的目光发现每一位同学的优点并给予肯定，让他们能够充分利用自己的潜能和感情，以达到教师的期望。

2．以前瞻性目光看待学生的发展

在个性化教学中，要从学生的个人成长历程出发，不仅要重视其目前在语文知识、能力、个性等方面的不足，还要注意其自身发展的潜能和潜在的进步空间。在语文学习中，存在着明显的内隐性特点，从欣赏优秀的文学作品到积累语感品质、提高语言能力，这都是一个长期的心理同化与适应过程。对于学生在一次又一次的个人化阅读中的微小进步，我们要用宽广的情感细心地发掘和爱护，保护他们成长所必需的健康环境。教师对学生的成长给予肯定，对其潜力的发掘和保护，常常会对他们的人生发展有很大的影响。

于漪教师说过："语文教改要通过教师来实施，不能仅仅满足于教材的改进。"这话一针见血点出了教师在教改中的重要作用。所以，新课程的实施，个性化阅读教学的有效性，呼唤有渊博知识、有创新能力的教师。在新课程的实施过程中，教师应该认识和尊重学生的个人差异，使每个人都能感受到自己的成功。促进学生个性发展，不断走向进步。